CARTAS
PEDAGÓGICAS

Luzia Guacira dos Santos Silva

CARTAS PEDAGÓGICAS

Processos de ensinar a quem enxerga
sem o sentido da visão

Paulinas

Dados Internacionais de Catalogação na Publicação (CIP)
(Câmara Brasileira do Livro, SP, Brasil)

Silva, Luzia Guacira dos Santos
  Cartas pedagógicas : processos de ensinar a quem enxerga sem o sentido da visão / Luzia Guacira dos Santos Silva. – São Paulo : Paulinas, 2017. – (Coleção pedagogia e educação. Série formação continuada)

  Bibliografia.
  ISBN: 978-85-356-4317-6

  1. Educação especial 2. Educação inclusiva 3. Pedagogia 4. Pessoas com deficiência visual 5. Professores - Formação I. Título. II. Série.

17-05826   CDD-371.9

Índice para catálogo sistemático:
1. Alunos com deficiência visual : Educação inclusiva   371.9

1ª edição – 2017
1ª reimpressão – 2017

Direção-geral: *Flávia Reginatto*
Editora responsável: *Maria Goretti de Oliveira*
Editora assistente *Christiane Angelotti*
Copidesque: *Ana Cecilia Mari*
Coordenação de revisão: *Marina Mendonça*
Revisão: *Sandra Sinzato*
Gerente de produção: *Felício Calegaro Neto*
Capa e diagramação: *Jéssica Diniz Souza*

Nenhuma parte desta obra poderá ser reproduzida ou transmitida por qualquer forma e/ou quaisquer meios (eletrônico ou mecânico, incluindo fotocópia e gravação) ou arquivada em qualquer sistema ou banco de dados sem permissão escrita da Editora. Direitos reservados.

Paulinas

Rua Dona Inácia Uchoa, 62
04110-020 – São Paulo – SP (Brasil)
Tel.: (11) 2125-3500
http://www.paulinas.org.br – editora@paulinas.com.br
Telemarketing e SAC: 0800-7010081

© Pia Sociedade Filhas de São Paulo – São Paulo, 2017

Dedico este livro a Ana Sérvula de Oliveira Santos, sobrinha amada, que escolheu a carreira docente e vive os afazeres de ser professora com responsabilidade, curiosidade e alegria. Aos pequenos Nícolas, Nicole, Ana Alice e Ana Caroline (já não tão pequena) por trazerem luz e inspiração a minha vida.

Amo vocês!

Presente a uma criança cega

À pessoa que me queira escutar.

Ofereça-me liberdade para que eu possa usar minhas mãos, meus pés e todos os meus sentidos com plenitude.

Ofereça-me desafios para que os enfrente, desfrute e aprenda com eles, podendo crescer em experiência e segurança.

Ofereça-me independência ajudando-me naquilo que não posso e estímulo em fazer aquilo que posso.

Ofereça-me limites como a todas as crianças para que eu possa crescer como pessoa.

Ofereça-me exigências para que eu possa mostrar toda a minha capacidade.

Ofereça-me igualdade de oportunidades para que eu triunfe na vida de acordo com meus esforços e perseverança.

Ofereça-me uma bengala e incentiva-me a usá-la, para não depender de bengalas humanas.

Ofereça-me ocupar-se de mim e não se ocupar por mim.

Ofereça-me amor apesar de minha diferença. Mas não me ofereça superproteção, indiferença nem compaixão, porque são esforços inúteis.

Se me oferecer tudo isso, serei completamente feliz e poderei fazer felizes todos ao meu redor.

(Traduzido por Marco Antonio de Queiroz do site argentino:
Taller de Teatro para Actores Ciegos, 1/2/2001.
Disponível em: <http://www.diversidadeemcena.net/artigo06.htm>.
Acesso em: 31/10/2016.

SUMÁRIO

Saudação da autora 11

Prefácio 15

Parte I
Cartas de março: a promoção da igualdade na diferença 19

Parte II
Cartas de maio e agostinas: adequações curriculares
em favor de alunos cegos e com baixa visão 41

Referências 87

Anexos 93

SAUDAÇÃO DA AUTORA

Saúdo você, leitor e leitora, com a convicção freireana, que tomo para mim, dizendo-lhes que:

Minha segurança não repousa na falsa suposição de que sei tudo, de que sou o "maior". Minha segurança se funda na convicção de que sei algo e de que ignoro algo a que se junta à certeza de que posso saber melhor do que já sei e conhecer o que ainda não sei. Minha segurança se alicerça no saber confirmado pela própria experiência de que, se minha inconclusão, de que sou consciente, atesta, de um lado, minha ignorância, me abre, de outro, o caminho para conhecer (FREIRE, 1996, p. 135).

Ao fim, explicar que a ideia de escrever este livro baseou-se no princípio de que sempre é tempo de aprimorar o que já sabemos e de adquirir novos saberes no exercício de nossa ação educativa, quando nos deixamos levar por essa vontade incontrolável de saber as múltiplas coisas que ainda estamos por saber. Portanto, na escrita desta obra usarei a metáfora de uma carta dirigida, em particular, a uma professora que recebe alunos cegos em sua sala de aula e que se sente despreparada para ensinar a tais alunos, em razão de não ter recebido formação específica em seus cursos de formação inicial e/ou continuada.

Cartas pedagógicas: processos de ensinar a quem enxerga sem o sentido da visão se faz respaldar nas contribuições científicas de estudiosos como Vygotsky (1997), Ochaíta (2004), Soler (1999), Silva (2008; 2013; 2014), Bruno (2005; 2009), entre outros, bem como nas sínteses de nossos estudos, aqui expressados em forma de princípios que alimentam a nossa caminhada na busca por uma escola onde estudantes cegos e com baixa visão também possam ser considerados em seus diferentes modos de ser e de aprender, pois defendemos que:

1. O direito por excelência de todo ser humano é reconhecer-se como diferente, porém, não desigual.
2. Pessoas cegas têm condições de aprender e participar do mundo com quem enxerga pelo sentido da visão.
3. A convivência e a interação entre pessoas cegas e não cegas fazem com que essas últimas passem a olhar a cegueira sem a conotação de "falha, da falta, da impossibilidade, da inutilidade" que acaba criando uma perspectiva negativa em relação àqueles que se desviam do modelo escolhido pela sociedade como padrão de normalidade (AMARAL, 1994).
4. Não há razão para manter crianças cegas segregadas, distantes do convívio dos que enxergam por meio da visão.
5. Crianças cegas podem e devem estar em uma escola comum que considere suas especificidades e maneira de ser e de aprender, obtendo sucesso em suas aprendizagens.

Certamente, você, leitor e leitora, deve estar fazendo as mesmas perguntas que outrora me fiz e que a professora, a quem direcionei as cartas aqui escritas, me fez um dia: Como um aluno cego aprende numa escola com alunos que enxergam? Que metodologias e estratégias lhe favoreceriam uma aprendizagem com sentido e significado? Que recursos didáticos poderiam ser usados para ensinar os diferentes conteúdos?

Uma coisa interessante de se fazer saber de imediato é que a visão se compõe de muitos fatores, por isso é difícil estabelecer uma aproximação puramente quantitativa do quanto uma pessoa enxerga. No entanto, os parâmetros que mais se usam para determinar a "quantidade de visão" são: a *acuidade visual* – que é a capacidade que o olho tem de definir detalhes e que determina a qualidade da visão; o *campo visual* – que é a área passível de ser vista à frente, para a lateral direita e esquerda, para cima e para baixo, quando se mantém o olho imóvel em um ponto fixo, em uma linha reta horizontal paralela ao solo. Qualquer problema nesses dois campos pode designar a perda da capacidade visual.

Logo, é importante que se atente para práticas de prevenção das doenças oculares, as quais poderão ser aplicadas em diferentes momentos: pré-concepcional (antes da gravidez), pré-natal (durante a gravidez), perinatal (durante o parto) e pós-natal (após o nascimento).

No decurso da escrita de nossas cartas, relataremos alguns outros conhecimentos já estabelecidos que acreditamos ser passíveis de aplicação em todos os níveis e modalidades de ensino, onde são considerados a faixa etária dos sujeitos aprendentes, a causa e o tempo da perda de visão, bem como o grau de aceitação do sujeito de sua condição visual, pois encontraremos em nossas salas de aula aqueles que enxergam mal, os que nada enxergam, mas que um dia enxergaram, e aqueles que nunca enxergaram. Ter o conhecimento dessas diferenças implica buscarmos estratégias e recursos didáticos que aproximem o máximo possível os alunos do que temos para lhes ensinar, assim como de diferentes métodos de reabilitação e reintegração social (NEVES, 2008).

Terminamos esta saudação tomando emprestadas as palavras de Sônia Kramer (1998, p. 14), para melhor definir os textos das cartas pedagógicas contidas neste livro:

> E é isso que o texto significa para mim: uma marca. Que não acredita em respostas finais nem em conhecimento pronto e acabado. Que não visa resolver problemas nem emitir verdade. Que se propõe, tão somente, a compartilhar com tantos que de maneiras tão diversas estiveram e estão comigo ainda, nas diferentes andanças feitas com erros ou acertos, com dúvidas ou certezas, com inquietação ou tranquilidade, com clareza ou incoerência, mas com espírito de luta e de crítica. Com indagações. Que contêm, como eu disse, um movimento.

Ao final, espero que a leitura dos textos das cartas pedagógicas proporcione o reconhecimento de que as pessoas cegas ou com baixa visão, assim como as demais pessoas com algum tipo de deficiência, necessitam que acreditemos em seu potencial e que lhes ofereçamos suporte, mediação e ajudas técnicas para que desenvolvam, com sucesso, as atividades propostas nas diferentes áreas do conhecimento, para deste se apropriarem.

E, também, que faça todos perceberem o quanto essas possibilidades podem ser ampliadas.

Boa leitura!

PREFÁCIO

> "Tem mais presença em mim o que me falta.
> Melhor jeito que achei pra me conhecer
> foi fazendo o contrário".
>
> (Manoel de Barros)

Escrever cartas em um mundo atravessado por redes sociais e por outras formas de comunicação parece uma arte perdida, ou anacrônica. Antigamente, nas missivas ansiosamente esperadas, havia formas polidas de dizer da saudade, do cotidiano, dos acontecimentos...

Este livro retoma o gênero carta para falar, com freireana amorosidade, sobre um tema de interesse crescente no âmbito da construção de processos de escolarização, qual seja, a presença de estudantes com deficiência visual no contexto escolar, com suas demandas na organização de processos de ensino e de aprendizagem acessíveis, na sala de aula.

Inspirada na curiosidade expressa na carta de um professor, ao relatar suas angústias em torno do desafio de ensinar estudantes com deficiência visual, em contexto escolar inclusivo, a autora, embasada na sua ampla experiência como docente e pesquisadora, escreve cartas nas quais não apenas aborda modos de ensinar tais estudantes, na perspectiva de sua inserção no ensino regular, mas ressalta o quanto as formas de organização e de prática curricular devem estar atentas às suas singularidades e, principalmente, às suas potencialidades.

No decorrer das dez cartas, organizadas em duas partes, a obra contempla aspectos conceituais relativos aos estudantes cegos e de baixa visão, bem como apresenta elementos peculiares acerca da organização curricular, em processos de educação inclusiva.

A primeira parte, denominada "Cartas de março: a promoção da igualdade na diferença", compreende os princípios da educação inclusiva na defesa de uma escola atenta à diversidade, convidando os docentes para ouvirem seus alunos com deficiência visual, a fim de apreenderem caminhos e estratégias por eles utilizados na construção do conhecimento. Aborda, ainda, aspectos da organização espacial na escola e na sala de aula, bem como o uso do tato e de outros sentidos remanescentes como forma de afetar tais alunos, possibilitando o desenvolvimento de seus potenciais.

A segunda parte, denominada "Cartas de maio e agostinas: adequações curriculares em favor de alunos cegos e com baixa visão", inicialmente, versa sobre a dimensão curricular em processos de educação inclusiva de alunos com deficiência visual. Para a autora, tais adequações não devem ser realizadas com vistas a reduzir conteúdos a serem ensinados. Ao contrário, a base deve ser o currículo comum, cabendo à escola adotar recursos e utilizar estratégias capazes de promover a aprendizagem desses alunos. No seguimento, discute elementos relativos ao ensino em áreas específicas de conhecimento, a exemplo da arte, da educação física e da matemática, assim como na Educação Infantil. Esta parte do livro é finalizada realçando a importância da interação social do aluno com deficiência visual com seus pares e com o professor. Tal dimensão caminha *pari passu* com o uso de recursos e estratégias de ensino adequados, a ser pensado no âmbito do Ensino Fundamental e da Educação Infantil.

Ao tratar com leveza temas densos, a autora nos brinda com suas cartas cativantes, reflexivas! Assim, o livro possibilita ao leitor iniciante na temática um mergulho no mundo dos cegos e das pessoas com baixa visão, de forma a esclarecer que a deficiência não torna o sujeito incapaz. Ora, a perda de um sentido é, também, fonte para o desenvolvimento de outras capacidades dantes desconhecidas, a serem desbravadas pelos educadores.

Rita de Cássia Barbosa Paiva Magalhães
Docente da Universidade Federal do Rio Grande do Norte

PARTE I

CARTAS DE MARÇO: A PROMOÇÃO DA IGUALDADE NA DIFERENÇA

Natal, 6 de março de 2016.

Caríssima professora!

Saúdo-a dizendo que quisera poder ter respostas para todas as suas angústias pedagógicas, pois muitas delas fazem parte do meu cotidiano em sala de aula. No entanto, tentarei, com a ajuda de estudiosos que tenho lido e com minha própria experiência de docente, compartilhar conhecimentos e indicar possíveis caminhos que poderão auxiliá-la a encontrar algumas respostas.

Inicialmente, chamo sua atenção para o lugar do qual falo, citando princípios da educação inclusiva, entre eles, a *competência coletiva* de todos que compõem a escola – gestores, equipe técnica, professores, alunos, pais, funcionários, em torno de um Projeto Político Pedagógico (PPP), sem o qual se torna inoperante qualquer ação voltada para o principal objetivo de se promover uma escola inclusiva, ou seja, de promover práticas de participação e acesso à informação, à formação, ao conhecimento, para todos os educandos, independentemente de seu talento, de sua condição física, sensorial, intelectual, origem socioeconômica ou origem cultural (KARAGIANNIS; STAINBACK, W; STAINBACK, S., 1999).

Falo a você, também, sobre o princípio da *igualdade*, ressaltando, porém, que não se deve deixar de considerar, na igualdade, as diferenças próprias de cada sujeito e a forma como se apropria do conhecimento. Advirto-a sobre isso porque foi constante ouvir colegas professores dizerem, em nossa pesquisa de doutorado (2004) e pós-doutorado (2013), tratar seus alunos com deficiência do mesmo jeito que os demais e que davam aula para eles de igual modo. O que é preocupante, visto que, em muitos casos, essa anunciada igualdade tem deixado alunos à mercê de si mesmos, no fundo da sala de aula, em suas carteiras a brincar com um jogo ou com uma folha de papel e uma coleção para desenhar e pintar ou simplesmente rabiscar, enquanto a campainha da escola não toca para irem para casa. No caso de ser cego, fica ali sem fazer nada!

Considerando tal questão, quero lembrá-la do que nos diz Boaventura de Sousa Santos:

> Temos o direito de ser iguais quando a nossa diferença nos inferioriza; e temos o direito de ser diferentes quando a nossa igualdade nos descaracteriza. Daí a necessidade de uma igualdade que reconheça as diferenças e de uma diferença que não produza, alimente ou reproduza as desigualdades (2003, p. 56).

Se assim considerar, cabe-me perguntar: Em que lugar você se coloca? Como tem garantido a igualdade de oportunidade, de participação, de ser e de aprender de forma diferente dos alunos, sem e com cegueira[1] ou baixa visão?[2] Tem tratado esses alunos igualmente por considerá-los com direito à aprendizagem, a participar do processo educativo como

---

[1] Cegueira: condição caracterizada pela perda da habilidade de enxergar. Para fins educacionais, consideramos pessoas cegas: "[...] aquelas que nada veem através do órgão da visão ou que somente têm uma pequena percepção de luz que as torna capazes de distinguir entre luz e escuridão, porém não a forma dos objetos" (SILVA, 2008, p. 35).

[2] Baixa visão: para fins educacionais, é considerada como a capacidade potencial de utilização da visão para o planejamento e execução de tarefas (INTERNATIONAL COUNCIL FOR EDUCATION OF PEOPLE WITH VISUAL IMPAIRMENT, 1992).

qualquer outro que ascenda à escolarização? Trata-os de modo diferente, quando oportuniza, dentro das possibilidades que a escola lhe apresenta, os instrumentos específicos e necessários a sua aprendizagem e participação ativa? Se assim o faz, penso estar cumprindo com o princípio de igualdade referido por Boaventura de Sousa Santos.

Antes de dizer até breve, chamo sua atenção para outro princípio da educação inclusiva, o da *valoração da diferença* – dizendo de outra forma, o reconhecimento da diferença como um valor; da riqueza que ela pode proporcionar ao desenvolvimento de cada um dos alunos e ao desenvolvimento profissional de cada educador.

Entenda aqui por valor um princípio geral e universal que serve de guia para o agir e pensar do homem no mundo. Aquilo que está presente no homem, nas atividades humanas e no mundo humano (MONDIN, 2004). Logo, a diferença própria de cada ser humano, sua cultura, sua condição humana, sua maneira de aprender devem ser valorizadas. O que requer de cada um de nós, educadores, que pautemos nosso modo de ser, nossas ações, nossas escolhas e o nosso discurso pelos princípios do reconhecimento da diversidade, do respeito à dignidade, da valoração e valorização da diferença, da luta constante pela igualdade de direitos de cada ser humano.

Encerro aqui este nosso primeiro contato, na esperança de que lhe tenha ensejado a refletir!

Até breve!

Natal, 10 de março de 2016.

Saudações pedagógicas!

Nesta carta retomo a nossa conversa, pois bem sei de sua ansiedade em saber sobre as metodologias aplicadas no ensino a alunos cegos e com baixa visão. No entanto, antes de dar-lhe uma resposta mais específica, gostaria de fazer uma advertência: nunca se esqueça de que por trás das mãos que pegam o lápis, dos olhos que olham, dos ouvidos que escutam, das mãos que tateiam, há uma criança, um jovem ou um adulto que pensa, sente e deseja aprender.

Logo, com crianças cegas você deve atentar para as metodologias comumente utilizadas com os demais alunos que enxergam pelo sentido da visão, até porque ainda não existe uma metodologia específica para tal fim. Contudo, é preciso levar em consideração alguns aspectos metodológicos na aplicação dos procedimentos didático-pedagógicos para que tais alunos tenham acesso ao currículo, promovendo, assim, a igualdade na diferença, sobre a qual falei na carta anterior.

Em sala de aula, quando tenho alunos cegos ou com baixa visão, busco em primeiro lugar ouvi-los. Sim, ouvi-los, para saber que estratégias e meios utilizam para a apreensão do conhecimento. Considerando suas respostas, tento atrelá-las às orientações de Albertí e Romero (2010), citadas por Andrade (2013, p. 19-20), que aqui descreverei, sucintamente, em quatro blocos:

1. *Organização da sala de aula*: na organização da sala de aula é preciso ficar atento para questões como: *luminosidade*

– importante para todos os alunos com visão normal, porém, é conveniente evitar que a luz natural ou artificial provoque brilho intenso ou crie sombras que distorçam a visão de alunos com baixa visão; na *disposição das carteiras* é interessante considerar os objetivos de ensino e, sempre que mudar a sua disposição, deve-se comunicar ao aluno com deficiência visual. Já a *localização da lousa/quadro branco ou verde* não é muito funcional para o aluno cego nem para o aluno com baixa visão. Mas, dependendo do grau de perda visual, alguns alunos conseguem enxergar quando bem próximos ao quadro e, ainda, se o professor escrever com letras de um tamanho que torne possível sua leitura, considerando seu campo de visão. O ideal para ambos os casos seria a lousa digital, que enviaria a informação escrita para o *laptop* do aluno, caso disponha de um.

Quanto à *distribuição do mobiliário* (estantes, birôs, mesas etc.) e ao *acesso a materiais de uso diário* orienta-se primar pela organização, permanência e ordem dos mesmos, devido à dificuldade que, principalmente, a pessoa cega tem em colocar coisas e objetos em determinado espaço e em estabelecer referências da posição entre eles. Portanto, é preciso ser mantida uma ordem fixa das coisas e objetos (se houver necessidade de mudar, avisar ao aluno); dar referências concretas da localização, de objetos e de pessoas.

Adaptar, se preciso for, a estrutura do ambiente e avisar se houver algum obstáculo; deixar portas e janelas totalmente fechadas ou abertas para que não venha a se machucar e, se o aluno precisar de um guia, que este apenas o leve até os lugares, permitindo que acesse por si mesmo os objetos, que faça suas próprias escolhas.

2. Localização do aluno na sala de aula: permitir que o aluno com baixa visão, preferencialmente, se sente ao lado da mesa do professor ou da lousa/quadro verde ou branco ou, ainda, que escolha um local que seja mais confortável à sua visão.

Lembro que tive uma aluna que sentava a uma distância de 50 cm do quadro branco e tudo o que eu nele escrevia tinha que ser na parte central, com letras grandes e um marcador que expelisse tinta de boa qualidade. Mas cada aluno tem uma condição visual diferente, por isso é importante o professor buscar conhecer o grau de acuidade e campo visual do aluno, ou seja, quanto e como ele enxerga ou não.

De igual modo, deve dar-se a conhecer as implicações da perda visual em termos funcionais e educacionais. Tal conhecimento, geralmente possibilitado em conversa com o aluno na avaliação funcional da visão,[1] permitirá saber como aproveitar melhor a informação visual que se estará apresentando ao aluno.

Outro fator que não posso deixar de mencionar é que o aluno com baixa visão precisa ser estimulado a manter uma postura ergométrica correta, quando estiver sentado, em virtude de precisar aproximar-se muito dos objetos e materiais gráficos para poder vê-los e tocá-los, mesmo que estejam ampliados. Para auxiliá-lo, deve ser providenciado um suporte para livros e cadernos.

---

[1] Nos anexos há um quadro referente a esta carta que apresenta as funções e objetivos da avaliação funcional da visão e as necessidades educacionais de alunos com deficiência visual. Também será anexado um protocolo de Avaliação Funcional de Habilidades Visuais e Necessidades Educacionais Especiais, ambos elaborados por Bruno (2005; 2009). Esse teste tanto pode ser aplicado pelo professor de sala de aula comum quanto pelo professor de Sala de Recursos Multifuncionais.

No caso de alunos cegos, que possam utilizar materiais específicos, tais como a máquina de datilografia *braille* ou a reglete e punção ou, ainda, um gravador, um computador com sintetizador de voz e fones de ouvido. Para o uso confortável de tais materiais, é preciso que o aluno disponha de espaço suficiente para organizá-los.

3. *Acesso à informação escrita:* buscar selecionar aquelas mais significativas para evitar o excesso; disponibilizar, com antecedência, textos digitalizados, em *braille* ou ampliados; situar a informação visual/tátil à altura dos olhos/mãos do aluno; elaborar e confeccionar cartazes, maquetes e outros recursos didáticos,[2] considerando o contraste de cores, diferentes texturas, pouca informação, letras grandes em tinta e em *braille*.

Avisar ao aluno quando introduzir ou suprimir informações, dar referência da situação dos elementos em uma página, descrever oralmente as imagens, as situações, as características dos objetos e pessoas.

4. *Respeito ao ritmo de trabalho de cada aluno:* pessoas cegas e com baixa visão tendem a realizar uma leitura mais lenta dos textos, dos objetos e coisas, por fazê-lo analiticamente. Aquelas com baixa visão, além da leitura tátil, fazem o rastreamento visual dos objetos, dos desenhos e dos textos. Em ambos os casos, não se deve reduzir os objetivos, tampouco os conteúdos a serem trabalhados. É suficiente que

---

[2] Sobre os recursos didáticos, em sua confecção, poderão ser aplicados os princípios do desenho universal: uso equitativo, flexibilidade de uso, simples e intuitivo (óbvio), informação perceptível, tolerância ao erro (segurança), mínimo esforço possível. O que oportunizará o uso dos recursos por todos os alunos da classe.

se reduza o número de atividades repetitivas, priorizando as que mais favoreçam o alcance dos objetivos.

Alunos nessa condição de deficiência também têm o direito legal de tempo estendido em uma hora para a realização de provas e atividades mais importantes, caso houver necessidade. Para facilitar o acesso às informações, indique e permita a audição de livros falados, gravações, leitores de texto, e que eles possam usar as próprias estratégias de leitura, como, por exemplo, levantar-se para chegar próximo ao quadro ou de qualquer informação visual.

Assim, quando tiver um aluno com um comprometimento visual leve ou moderado, o meio de acesso ao conhecimento será, preferencialmente, o visual. Mas, se o comprometimento visual for severo (3/10 – o que quer dizer: o aluno enxerga a três metros, o que uma pessoa com visão normal enxergaria a dez metros) e a perda for progressiva, ou se a cegueira estiver instalada, é providencial que se empregue o aprendizado e uso do sistema *braille*[3] e, como meio alternativo, o uso do computador com sintetizadores de voz e leitores de texto, livros falados (áudio). Se o aluno não souber o sistema de escrita e leitura *braille* ou usar o equipamento eletrônico, deve ser encaminhado para o Atendimento Educacional Especializado – AEE, na própria escola, ou para uma instituição especializada onde possa aprender, tal como um Instituto de Cegos ou um Centro de Apoio Pedagógico para atendimento a pessoas com deficiência visual – CAP.

É interessante considerar que alunos com condição visual moderada e severa (com perda progressiva) tendem a não

---

[3] Código composto de seis pontos em relevo que formam a cela *braille*, configurados seguindo a numeração de um a seis.

desempenhar uma leitura fluida e eficiente, o que se aconselha a introdução do aprendizado do *braille*, como código alternativo, sem, no entanto, deixar de se estimular o uso da visão.

Sempre oriento os colegas professores e professoras a aprenderem a escrita *braille* e, oportunamente, ensinarem a todos os alunos da sala, como meio de difusão e de estímulo àqueles que dela precisam para obter melhor desempenho em seu processo de aprendizagem. Além do que, isso traz autonomia na elaboração de atividades que requeiram a aplicação de tal sistema de escrita. A aprendizagem é fácil e rápida, podendo ocorrer virtualmente, por meio de sites como: <www.braillevirtual.fe.usp.br>. Para tanto, basta adquirir a reglete e o punção e seguir as orientações dadas.

Antes de concluir esta carta, pois já se faz longa e não quero que se torne enfadonha, quero salientar que é interessante compreender a importância e como funcionam os sentidos remanescentes: o tato, a audição, o olfato e o paladar como fornecedores de conhecimentos, nos processos de ensino e aprendizagem de estudantes cegos e com baixa visão.

O tato, tão pouco explorado por nós videntes, pode envolver formas de perceber e representar a realidade que muitas pessoas outrora pensavam que eram reservadas, exclusivamente, à visão e audição. Isso porque o tato é o sentido que oferece ao cérebro os mais variados tipos de informação procedentes dos meios externo e interno, em razão de os receptores próprios desse sentido se distribuírem ao longo de toda a superfície cutânea e estarem ligados às vias nervosas correspondentes, para enviar ao córtex cerebral uma ampla gama de informações codificadas. Logo, a pele que reveste o nosso corpo não tem apenas a função de proteger-nos do frio, do calor, enfim, do meio externo, mas também a de nos fazer comunicar com nosso cérebro (SILVA, 2008; SCHIF, 2015).

Para que uma pessoa assimile e acomode aprendizagens através dos estímulos táteis, entre outros, é imprescindível o bom desenvolvimento biológico e afetivo do sentido do tato, ou seja, é preciso desenvolver experiências positivas do contato pele a pele, como o aconchego do bebê no colo de seus pais, por exemplo, que desencadeia sentimentos profundos de afeto, amor, dedicação entre outros (SCHIF, 2015). Isso é de extrema importância para a formação de cada um de nós, em especial, para o aluno com cegueira ou baixa visão.

A aprendizagem do uso do tato se faz necessária para a educação deste sentido. Isso é importante para todas as crianças, porém tem maior relevância no caso das crianças cegas ou com baixa visão, devido à sua utilidade na relação delas com objetos, coisas e pessoas.

Prometo que em breve escreverei para dizer um pouco mais desse sentido tão importante aos cegos – o tato – e de como educar a sensibilidade tátil. Parece soar estranho, não? Até porque na educação de quem tem uma visão normal não houve essa preocupação por parte dos pais e mestres. Não que me lembre!

Mas, repito, a educação da sensibilidade tátil torna-se essencial para quem perdeu a visão ou a está perdendo!

Até breve!

Ver quadro pp. 95-100.

Natal, 20 de março de 2016.

Cara professora!

Percebi que você ficou curiosa para que eu continuasse a discorrer sobre a educação da sensibilidade do tato. Pois bem, para educar a sensibilidade do tato, conforme sugere Soler. A. (1999), devemos considerar a *discriminação de texturas, a distinção de formas e tamanhos, a estética tátil e o componente afetivo do tato*, aspectos que descrevo a seguir, considerando as informações do autor citado e o já vivenciado em sala de aula com crianças e adultos cegos e com baixa visão.

a) *Discriminação de texturas:* é importante que desde a mais tenra idade as crianças conheçam diferentes texturas, o que as motivará a observar e a tocar o próprio corpo, os objetos e as pessoas que as cercam. Caso não se dê essa estimulação, principalmente com as crianças cegas, isso incorrerá no não aprendizado do tocar e seus dedos se perderão na extensão das coisas, criando-se um esquema mental de um universo disforme e sem sentido geométrico.

b) *Distinção de formas e tamanhos:* a compreensão da forma, tamanho e contorno dos objetos facilita seu conhecimento. No caso da aprendizagem da leitura e escrita do sistema *braille*,[1] você há de ter muito presente que, ao começarem

---

[1] O sistema *braille* foi criado em 1825, por Louis Braille, um jovem francês nascido em 1809, numa pequena aldeia à leste de Paris, de nome Coupvray. A primeira publicação de seu sistema de escrita ocorreu em 1829, com o título: "Processo para escrever as palavras, a música e o canto-chão por meio de pontos, para uso dos cegos e dispostos para

a lê-lo, a percepção tátil se encontrará com distintas formas da configuração dos pontos, que a criança, jovem ou adulto deverá distinguir e associar às letras do alfabeto, conforme apresento no quadro que segue:

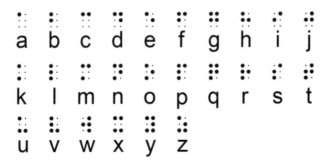

Quadro 1: sistema *braille* associado às letras do alfabeto.

Descrição: tabela com os sinais em *braille* e a letra do alfabeto correspondente embaixo de cada uma, obedecendo à ordem alfabética.

Advirto-a da importância da criança cega ou com perda progressiva da visão ter acesso, mesmo sem estar alfabetizada, ao *braille* real, e não ao *braille* fantasia (confeccionado com E.V.A., por exemplo). Nós, que enxergamos por meio da visão, crescemos tendo contato direto com a escrita convencional, o que nos ajuda na formação das nossas hipóteses de

---

eles". Sua forma definitiva e segunda publicação, com poucas alterações, na atualidade, data de 1837. Após a morte de Louis Braille, batizaram o sistema de escrita com o seu sobrenome. Mesmo com o advento das novas tecnologias e o consequente aparecimento de formas alternativas de acesso à leitura e escrita, o *braille* continua a ser o melhor meio de pessoas cegas terem contato com a escrita. O *braille* é formado por seis pontos dispostos em dois grupos verticais de três pontos cada. Com apenas esses seis pontos, é possível representar todo o alfabeto, distinguindo letras acentuadas, pontuação, números e todo tipo de caracteres especiais, como os que são usados em música, matemática e física. (Fonte: http://www.lerparaver.com/braille_invencao.html)

leitura e escrita. Logo, o mesmo se aplica às crianças cegas, que deverão entrar em contato com a escrita das letras do alfabeto e o seu correspondente na escrita *braille*, antes mesmo de estarem alfabetizadas.

Em relação à falta de estimulação tátil, ela pode acontecer de duas formas: quando se oferece à criança cega objetos muito complexos a seu esquema tátil ou quando lhes são apresentados objetos que ofereçam pouca variedade de formas. Segundo Cutsforth (1969 apud SOLER, A., 1999, p. 59): "Um dos erros cometidos com maior frequência pelos pais ao educar seus filhos cegos é proporcionar-lhes um material de forma tão complexa em seu esquema tátil, que fracassam no objetivo proposto".

Assim, há de se considerar que para todas as crianças, na escola, independentemente de serem cegas ou não, se faz necessário que as primeiras experiências na distinção de formas e tamanhos sejam com objetos simples e com a simetria morfológica requerida. Deve-se ainda levar em consideração que, de acordo com o complexo contínuo de dificuldades, a primeira forma que tem significado para a criança é a redonda, devido a sua relação com chupetas, chocalhos, prato, bola etc. Logo, a partir dos quatro anos de idade, aproximadamente, é interessante oferecer às crianças jogos que tenham por objetivo ajudá-las a discriminar, comparar e associar formas de dificuldade crescente e de diferentes tamanhos (CUTSFORTH, 1969 apud SOLER, 1999).

c) *Estética tátil*: é considerada a maneira de saber encontrar as texturas, formas e tamanhos adequados em cada situação de representação tátil bidimensional ou tridimensional. Cutsforth (1969 apud SOLER, 1999, p. 60) diz que: "hay una belleza táctil y un significado que no se muestran visualmente...

y por el contrario, gran parte de la belleza visual y significado del objeto escapan completamente al tacto".[2]

A beleza tátil, cara professora, também deve ser cuidada desde os primeiros meses de vida. Já frisei que a criança deve conhecer a maior variedade possível de texturas, porém, é importantíssimo que predominem aquelas que produzem sensações agradáveis, tais como: pelúcia, algodão, madeira lisa, plumas, tecidos de algodão, seda, pois elas geram experiências táteis positivas e não inibem a criança a querer tocar para conhecer os objetos que a rodeiam. O que não acontece quando ocorrem muitas experiências táteis consideradas negativas, como, por exemplo, o contato com lixa, objetos cortantes e pontiagudos, objetos que queimam, ardem na pele, entre outros.

d) *Componente afetivo:* fica explícito que o sentido do tato transmite as sensações através do contato direto com os objetos, pessoas, plantas, animais, o que traz consigo um componente afetivo fundamental para o desenvolvimento do ser humano. Por isso, é fundamental não dissociar a percepção tátil da comunicação de afeto.

Despeço-me afirmando que todas as crianças, em particular aquelas que são cegas, precisam do contato afetivo com seus pais, amigos e parentes. Com o professor não é diferente. Uma boa educação com base no aspecto afetivo do tato trará repercussão em todas as fases da vida, tanto *a nível humano* – a pessoa será capaz de expressar de forma completa mais afeto pelo outro – como *a nível cognitivo* – as aprendizagens produzidas por via tátil terão mais sentido e significado para as crianças cegas.

Até breve!

---

[2] Tradução: "Há uma beleza tátil e um significado que não se mostram visualmente... e, ao contrário, grande parte da beleza visual e do significado do objeto escapa completamente ao tato".

Natal, 30 de março de 2016.

Estimada professora!

Volto a escrever para continuar a nossa conversa sobre a importância dos sentidos remanescentes para quem perdeu a visão. Desta feita e de forma sintética, discorrerei sobre outro sentido tão importante quanto o tato na aquisição de informações e formação de conceitos pelo cego: a *audição*.

Certamente é do seu conhecimento que a sensibilidade auditiva proporciona não só o reconhecimento objetivo dos sons ambientais, como: a chuva, a correnteza de um rio, o vaivém das ondas, o farfalhar de folhas, os sons de instrumentos musicais, dos carros em movimento, dos passos de transeuntes etc., mas participa efetivamente no processo de comunicação entre os indivíduos e, desse modo, constitui um importante elemento da linguagem.

Para a pessoa cega ou com baixa visão, o sentido da audição e os demais sentidos representam como que "substitutos" do sentido da visão. Deixe-me explicar, pois não é tão simples assim!

Muita gente acredita que pessoas cegas ouvem mais do que as videntes. Em parte essa crença está correta, mas é preciso esclarecer. Com base em Vygotsky (1997), a falta de visão não conduz de forma automática ao desenvolvimento da audição como substituto de outro órgão, mas sim as dificuldades impostas pela cegueira, levando a maior desenvolvimento de determinadas superestruturas psicológicas no cego, dentre elas a memória, a atenção e as habilidades comunicativas.

Pois bem, para esse autor, "[...] a cegueira não é somente um defeito, uma debilidade, senão também, em certo sentido, uma fonte de manifestação das capacidades, uma força (por estranho e paradoxal que seja!)" (VYGOTSKY, 1997, p. 74). Dizendo de outra maneira, a cegueira não é apenas a falta da visão, mas uma reorganização de todas as forças da personalidade do sujeito que cria uma formação peculiar, provocando uma formação criadora e orgânica.

Portanto, "[...] A tarefa da educação consiste em incorporar na criança a vida e criar a compensação do seu defeito físico. A tarefa se reduz a que a alteração do laço social com a vida seja feita por alguma outra via" (VYGOTSKY, 1997, p. 43-44).

A compensação nos escritos de Vygotsky (1997) se apresenta como o processo substitutivo que garante o desenvolvimento humano. Por exemplo: quando um canal sensorial de apreensão do mundo e de expressão desse mundo não está íntegro ou não pode ser formado, é possível a qualquer pessoa eleger outros canais que estejam íntegros, trabalhando-os na constante relação com os outros e com as condições materiais que tornam possível e exitosa tal compensação.

Em um estudo divulgado em 15 de julho de 2004 na revista *Nature*, cientistas do Centro de Pesquisas em Neuropsicologia e Cognição da Universidade de Montreal, no Canadá, entre eles Pascal Belin e Robert Zatorre, revelaram a descoberta de que de, alguma forma, o cérebro de uma pessoa cega consegue se reprogramar para conectar as regiões auditivas do cérebro ao córtex visual.

Tais cientistas esclarecem que, no nascimento, os centros de visão, audição e outros sentidos no cérebro estariam todos conectados. Em indivíduos que enxergam normalmente, essas conexões seriam gradualmente eliminadas. Já naqueles que ficaram cegos mais precocemente, a ligação tenderia a ser preservada e usada. Acreditam eles que a idade em que a pessoa perde a visão pode ser crítica para que o cérebro consiga conectar a região que controla a audição com a região que processa a visão, visto que, se os sentidos estiverem intactos, o cérebro não necessitaria de conexões entre os centros sensoriais, pois a quantidade de informações poderia confundi-lo (MOEHLECKE, 2004).

Ambos os estudos nos esclarecem que o desenvolvimento da audição em pessoas cegas não é automático, mas há que se considerar o tempo da perda da visão e as relações estabelecidas pelo sujeito com os outros e com o mundo que o cerca, confirmando a teoria anteriormente explicitada por Vygotsky (1997).

Em sala de aula, portanto, para trabalhar a compensação da perda visual – o que Carvalho e Silva (1993) chamaria de "interpretação mais aguçada dos sentidos" –, via canal auditivo, você poderá estimular no aluno o uso da gravação em áudio e o posterior registro em *braille*, para a sistematização das informações obtidas através da observação dos sons do ambiente e das aulas expositivas. A tecnologia também tem oferecido um grande serviço à didática do estudo dos sons.[1]

Agora, vejamos o que posso dizer sobre o sentido do *olfato* e do *paladar* em relação à cegueira. Assim como os cegos não têm a audição mais apurada que os videntes, o mesmo se aplica ao sentido do olfato. A grande diferença entre nós

---

[1] Para saber mais, ler: SOLER, Miquel-Albert Martí. *Didáctica Multisensorial de las ciencias:* un nuevo método para alumnos ciegos, deficientes visuales, y también sin problemas de visión. Barcelona: Paidós, 1999.

videntes e os cegos é que estes prestam mais atenção aos odores presentes no ambiente.

Um estudo realizado na universidade citada revelou que a área visual do cérebro dos cegos se mostra ativa quando eles sentem odores, indicando que passou por uma reorganização, o que talvez favoreça a atenção que dedicam aos estímulos olfativos, coisa que não fazemos por estarmos distraídos com outras sensações (CHRISTANTE, 2010).

Seguindo os passos de Soler (1999) e Martin e Bueno (2003), listo algumas atividades em que o olfato tem um papel fundamental, tais como: o reconhecimento de flores, plantas e ervas medicinais, a identificação de substâncias químicas (quando indicadas pelo professor e mantendo o rosto e o nariz a certa distância da substância), o reconhecimento de minerais, de odores naturais e artificiais, e a observação olfativa do meio ambiente.

Quanto ao *paladar*, este se constitui em um sentido de percepção global de estímulo composto, isto é, ele capta um único estímulo, produto da combinação dos quatro sabores básicos percebidos pelo homem: doce, amargo, azedo e salgado, os quais não são percebidos pela língua de maneira uniforme. A aprendizagem gustativa, portanto, é analítica, pois se percebe apenas um sabor por vez.

As atividades que se podem propor aos alunos cegos, com visão reduzida e àqueles que enxergam, para desenvolvimento do paladar, são, entre outras: a distinção e conservação dos alimentos, o reconhecimento de ervas medicinais e de minerais, a aprendizagem de propriedades químicas. O estudo de frutas e sementes deve, preferencialmente, ocorrer com produtos naturais (SILVA, 2004; SOLER, 1999).

Como se pode perceber, é fascinante o funcionamento dos sentidos, tão pouco ou mal utilizados por nós, que temos o canal visual como referência de apreensão do mundo. Quão ricas são as possibilidades de conhecimento desse mundo, das coisas que nos cercam através dele, especialmente para as pessoas sem o sentido da visão. Como diz Williams (1986, p. 21), "quando todos os sentidos estão envolvidos no processo de aprendizagem, os alunos não somente podem aprender de forma mais adequada ao seu estilo, mas desenvolver todo um repertório variado de estratégias de pensamento".

Penso que o fato de você conhecer o funcionamento desses sentidos em muito facilitará sua mudança de postura diante da cegueira e, por conseguinte, da sua percepção diante das possibilidades de aprendizagem de um aluno cego. Isso fará com que chegue, assim, ao ideal tão esperado por Vygotsky (1997): o de que, um dia, a ideia de deficiência terminasse e que as pessoas com cegueira, assim como em outra condição de deficiência, passassem a ser consideradas, apenas, como cegas, pessoas em potencial e não deficientes, como reza o significado do termo. Isso porque nas próprias palavras do autor:

> A cegueira em si não faz da criança deficiente, não é um defeito, uma deficiência, uma carência, uma enfermidade. Chega a ser só em certas condições sociais de existência do cego. É um signo da diferença entre sua conduta e a conduta dos outros (VYGOTSKY, 1997, p. 82).

Um abraço pedagógico!

PARTE II

CARTAS DE MAIO E AGOSTINAS:
ADEQUAÇÕES CURRICULARES
EM FAVOR DE ALUNOS CEGOS
E COM BAIXA VISÃO

Natal, 17 de maio de 2016.

Saudações pedagógicas!

Após um longo silêncio atribuído a inúmeras atividades cotidianas, volto a lhe escrever trazendo questões relativas às adaptações ao currículo escolar quando da presença de alunos cegos e com baixa visão na escola. Portanto, para início de conversa, por currículo escolar se compreende aquilo que diz Sacristán (2013, p. 12), quando afirma que:

> É um texto que representa e apresenta aspirações, interesses, ideias e formas de entender sua missão em um contexto histórico muito concreto sobre o qual são tomadas decisões e escolhidos caminhos que são afetados pelas opções políticas gerais, as econômicas, o pertencimento a diferentes meios culturais etc.

Isso põe em evidência a não neutralidade do contexto escolar e a origem das desigualdades entre os indivíduos e os grupos. E, também, deixa claro que a prática docente não é neutra e que, portanto, é necessário ter clareza das concepções que embasam as práticas pedagógicas, dos discursos ideológicos que podem persuadir, anestesiar a mente, confundir a curiosidade, distorcer a percepção dos fatos, das coisas, dos acontecimentos (FREIRE, 1996), impelindo-nos a aceitar como verdade absoluta e sem nenhuma reação crítica comentários como os ouvidos em minha trajetória profissional: "O melhor lugar para esse aluno cego é numa escola só para ele"; "Essa pobre criança cega deve ficar em sala de aula apenas para se socializar"; "Marilson era cego, mas muito bom e inteligente"; "Ele é capaz de aprender, mas como?".

Afirmo-lhe, caríssima professora, como nos ensinava o mestre Paulo Freire, que é no exercício crítico do confronto direto com o poder engenhoso das ideologias, que nos impossibilitam de mantermo-nos abertos à escuta exigente, que seremos capazes de aceitar e valorizar as diferenças, de vermos a sala de aula como um tempo de probabilidades, no qual vamos adquirindo novos saberes e sendo capazes de perceber novas possibilidades atinentes e indispensáveis à prática docente voltada, também, para estudantes em condição de deficiência visual – cegos ou com baixa visão.

Logo, a inclusão escolar de alunos cegos na escola comum, também, se faz claramente regulada e condicionada por essa lógica educativa fundamental, por mais que forças ideológicas conservadoras e reacionárias queiram nos convencer do contrário.

Por sua vez, quero que compreenda que as adaptações curriculares nada mais são do que a intenção de adequar o ensino às peculiaridades e necessidades específicas de cada aluno, e que devem partir do currículo geral. O que se faz reconhecer que os alunos, de modo geral, mesmo os cegos ou com baixa visão, não aprendem do mesmo jeito, a um só tempo, não respondem ao processo de ensino de uma única forma (PLAZA, 2013; MARTÍNEZ, 2000).

Os alunos cegos e com baixa visão, devido à sua carência visual e, não por serem inferiores nos processos de aprendizagem, podem precisar de adaptações curriculares de dois tipos: a) *do entorno físico:* que diz respeito à eliminação de barreiras arquitetônicas, adequada iluminação e sonoridade, mobiliário adequado, profissionais do atendimento educacional especializado e, quando necessário, professor de apoio; b) *do acesso à comunicação*: que se trata do fornecimento de recursos técnicos destinados à garantia do acesso e reprodução de informações, tais como: livros em *braille*, materiais em relevo, maquetes, máquina de escrever em *braille*, reglete, punção, programas sintetizadores de voz e leitores de texto, textos com tipos ampliados, entre outros.

Como frisei anteriormente, há de se levar em conta, na hora da abordagem das adaptações curriculares para alunos cegos ou com baixa visão, que estes apresentam um desenvolvimento cognitivo similar ao dos alunos com visão normal, e conseguem fazer representações mentais, mesmo sem o apoio das imagens visuais (no caso dos alunos cegos), ou por meio de imagens fragmentadas e distorcidas (no caso dos alunos com baixa visão).

Esse é o postulado principal a ser compreendido por todos os educadores que trabalham com alunos cegos ou com baixa visão: eles têm, basicamente, as mesmas necessidades emocionais, intelectuais e físicas relativas a qualquer ser humano! Portanto, cabe ao professor perceber essa similitude, sem se esquecer da individualidade de cada um e sem utilizar o aluno vidente como parâmetro para avaliar o desempenho daquele que é cego ou do que tem baixa visão (SILVA, 2008).

Você me perguntou como deve ser o conteúdo das disciplinas para trabalhar com esses alunos, e lhe digo que o conteúdo curricular deve ser o mesmo tanto para os alunos com visão emétrope[1] (normal) quanto para os alunos cegos e com

---

[1] Um olho *emétrope* forma as imagens de um objeto distante de maneira muito nítida na retina, ou seja, o ponto focal fica exatamente sobre a retina. Quando existe uma desproporção entre a potência de refração e o comprimento do olho acomodado para visão para longe,

baixa visão. O que serão modificadas são as atividades que deverão considerar o nível de aprendizagem em que o aluno se encontra, o que já é comum fazer com relação a alunos que não acompanham o mesmo ritmo requerido dos demais colegas da classe.

Para ser mais precisa, posso exemplificar: se o aluno está no terceiro ano e ainda está em processo de aquisição da leitura e escrita, as atividades descritas a eles propostas deverão conter elementos do conteúdo trabalhado em sala de aula, no entanto, em formato e nível de complexidade concernentes ao momento de sua aprendizagem, ao nível de leitura e escrita em que se encontra.

É importante não incorrer no erro de possibilitar, no ensino oferecido a esses alunos, apenas informações auditivas. Logo, deve-se focar o ensino na aprendizagem concreta, na instrução unificada (associação dos demais sentidos), na autoatividade e nas atividades em duplas, trios, grupos. Assim, oferecerá proposições didáticas que contemplem todos os sentidos, numa rica experiência de aprendizagem multissensorial. Não esqueça que "os sentidos são as principais vias nutridoras do cérebro, as que proporcionam a informação necessária para o seu desenvolvimento" (MORAES; LA TORRE, 2004, p. 103).

Nessa perspectiva, as explicações de aula devem primar pela descrição mais detalhada e, sempre que possível, permitir que os alunos cegos ou com baixa visão manipulem objetos e materiais o mais próximo possível do real, pois isso

---

então se diz que o olho é *amétrope* (disponível em: <http://www.zeiss.com.br/vision-care/pt_br>).

facilita a compreensão, a participação do aluno, bem como aprendizagens com sentido e significado.

Você poderá utilizar, para prover um ambiente multissensorial em sala de aula, jogos de manipulação e de movimento, de dança, de representação dramatizada dos conceitos, dos diálogos analógicos, dos movimentos de pensamento (MORAES; LA TORRE, 2004).

Atente para o fato de que alunos cegos e com baixa visão, em hipótese alguma, deverão ficar de fora das demais áreas do currículo escolar, das quais todos os outros alunos, também, deveriam participar: arte, música, dança, teatro, educação física, leitura e outras atividades especiais como as aulas de campo. O professor especialista da Sala de Recursos Multifuncionais poderá sugerir algumas modificações que sejam necessárias nessas áreas, até mesmo por medidas de segurança, para que o aluno cego ou com baixa visão participe ativamente. No caso de não haver esse especialista na escola, use o bom senso requerido a todo educador.

Até breve!

Natal, 25 de maio de 2016.

Admirável professora!

Eis-me aqui, com mais brevidade, para dar continuidade ao tema da última carta, logo, para discorrer sobre áreas que compõem o currículo escolar e o trato metodológico para atender às características de aprendizagens de alunos cegos e com baixa visão. Serei mais didática e me estenderei mais na escrita, portanto, rogo-lhe paciência na leitura das orientações em torno da atenção a particularidades da aprendizagem daqueles alunos, nas áreas a que me irei referir. Oportunamente, enviarei a você algumas imagens nas quais direcionarei seu olhar no decorrer da escrita.

Ensino de ciências

Em relação ao *conhecimento do meio natural, social e cultural*, espera-se que os alunos cegos e com baixa visão, além dos demais, desenvolvam a autonomia pessoal e capacidade de orientar-se e movimentar-se sem a ajuda de outras pessoas. Que identifiquem seus grupos sociais e se constituam parte deles; adquiram hábitos de higiene, alimentação e cuidados pessoais; desenvolvam a capacidade de investigação e de solução de problemas e participem de atividades em grupo, valorizando as contribuições dos colegas e as suas próprias.

Algumas dificuldades em decorrência da condição visual surgirão, principalmente, no que diz respeito ao conhecimento do meio físico mais distante, como o céu, as estrelas, os astros. Também surgirão dificuldades quanto à descrição das características de outros meios e paisagens desconhecidos. Algo similar ocorrerá com algumas manifestações artísticas, tal como a pintura.

Em relação ao *estudo de anatomia, objetos, desenhos e gravuras*, a compreensão inicial será das partes dos mesmos, para, posteriormente, formar-se a imagem mental do todo observado (SILVA, 2008; 2013; 2014). Assim, os alunos cegos, ao utilizarem o tato, seguem a direção do aumento contínuo de dificuldade, ou seja, do simples para o complexo, do concreto para o abstrato, do analítico ao sintético. Seguir a rota inversa seria ir de encontro à própria natureza do tato. Vou dar um exemplo prático: em uma aula sobre unidades de funcionamento do sistema nervoso: células nervosas, unidades estruturais e funcionais do sistema nervoso, uma professora de Biologia utilizou a reprodução de uma figura em relevo, impressa em máquina apropriada, para explicar o que era um neurônio e suas partes (imagem 1) a toda a turma.

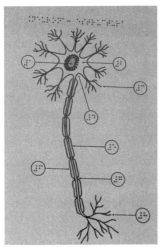

Essa figura, assim como outras, também poderá ser confeccionada manualmente com o uso de texturas e barbantes de diferentes espessuras, facilitando sobremaneira a compreensão do sentido e significado do que estiver sendo estudado.

Imagem 1: neurônio.

Descrição: neurônio reproduzido em *máquina fusora*, que oferece uma experiência tátil além do *braille*.

Fonte: arquivo pessoal.

Para *observação de anatomias*, o ideal é a utilização de modelos anatômicos tridimensionais que possibilitem uma representação mental mais exata da disposição e relação entre os distintos órgãos do corpo humano. Aqui, também, não são aconselháveis os modelos de tamanho reduzido e, sim, aqueles de tamanho médio ou natural, porque aqueles não permitem uma percepção tátil real completa da textura dos órgãos. É aconselhável a observação tátil de alguns órgãos de animais abatidos, como, por exemplo, a traqueia, os pulmões e o estômago de um carneiro, porco, coelho, o que deverá ser feito com o uso de luvas finas.

No caso do uso de *gravuras*, são preferíveis as desenhadas, especificamente para cegos, ou seja, que não tenham muitas informações e detalhes e que permitam a observação tátil tridimensional. Isso porque a representação bidimensional de objetos tridimensionais segue um código puramente visual que o tato não consegue reconhecer por não ser próprio dessa percepção sensorial.

Os *murais táteis* são muito bem-vindos para a sistematização do conhecimento adquirido nas pesquisas e podem ser utilizados com finalidade didática diversa. No estudo dos conteúdos de Ciências, por exemplo, o mais importante é: classificar e estudar materiais selecionados, representar espacialmente a distribuição de materiais extraídos da natureza, estimular a criatividade e a imaginação dos alunos, conservar e colecionar materiais naturais (SOLER, 1999).

É essencial que, em qualquer área de conhecimento a ser trabalhada, no caso aqui a área de Ciências, você invista no desenvolvimento de procedimentos que desafie, instigue o aluno cego ou com baixa visão à experimentação e observação metódica do que deve ser analisado, requisitando objetividade e organização sistemática dos experimentos (ANDRADE; PLAZA, 2013). De igual modo, que sejam propostas tarefas específicas, com grau menor de dificuldades, em caso de o aluno apresentar mais defasagem em relação ao conteúdo trabalhado. E que não se descarte o uso de recursos didáticos específicos, tal como o da figura do neurônio, com a finalidade de promover uma melhor compreensão dos conteúdos.

Ensino de educação física

A participação do aluno cego e com baixa visão nas aulas de educação física é de fundamental importância para que desenvolva o conhecimento e o domínio do esquema corporal, suas capacidades perceptivas, motoras, afetivas, de integração, de ampliação da comunicação, bem como sua relação com os demais alunos. Com isso, poderá ter acesso à percepção global da realidade, ao pensamento simbólico e abstrato, à cognição, à função estética e de higiene, à identificação do espaço que ele e seus pares ocupam, o que favorecerá sobremaneira sua autonomia e independência.

É importante frisar que a ação do próprio sujeito também tem importância vital para o seu desenvolvimento e desempenho escolar. Pois o aluno cego e com baixa visão só poderá ter acesso à organização do espaço se for estimulado a explorá-lo, organizá-lo, classificá-lo, movendo-se e atuando diretamente sobre ele. Logo, é conveniente que o professor dessa área elabore junto à professora do Atendimento Educacional Especializado, quando possível, um plano de atividades de movimento e manipulações de objetos para tal aluno, desde o início de sua escolarização.

O aluno cego, em especial, toma consciência de seu corpo percebendo a si mesmo, e também apalpando bonecos, examinando com o uso das mãos as outras pessoas, falando sobre as partes do corpo e utilizando massa de modelar, como, por exemplo, para formar figuras humanas (ARNAIZ; MARTINEZ, 1998). Uma razão fundamental para ensinar e desenvolver a imagem corporal em crianças cegas, segundo as autoras, é a de que seu ser físico se constitui na plataforma central, a partir da qual tem origem toda a compreensão espacial.

O professor de Educação Física, conforme orientação de Andrade e Plaza (2013), deve realizar adaptações didáticas por meio da sequenciação e globalização dos conteúdos. A sequenciação dos conteúdos deve basear-se, principalmente, nos procedimentos, na seleção de atividades, que tomam como princípio os conhecimentos prévios das condições físicas dos alunos, de forma que facilitem movimentos harmoniosos e funcionais.

Em relação à globalização dos conteúdos da Educação Física, os autores recomendam que o professor atenha-se àqueles aspectos que, pela natureza da deficiência visual, são mais custosos, porém não impossíveis de serem alcançados. São eles:

A percepção, estruturação e orientação do espaço; a percepção, estruturação e relação com o tempo; e o conhecimento e domínio do corpo como instrumento de expressão e comunicação; gestos e movimento, mímica, dança, dramatização, jogos motores, simbólicos e de cooperação (ANDRADE; PLAZA, 2013, p. 208).

Os conceitos ligados à posição, localização, direção e distância devem considerar, no mínimo, cinco áreas principais para o aprendizado dos conceitos espaciais, conforme os reconhecidos por J. Felippe e V. Felippe (1999, apud SILVA, 2008, p. 152):

1. *Espaço corporal:* consciência das posições, direções e distâncias em relação ao próprio corpo.
2. *Espaço de ação:* orientação para a execução de movimento no espaço circundante.
3. *Espaço de objetos:* posição dos objetos, um em relação ao outro, em termos de direção e distância, a partir do espaço corporal.
4. *Espaço geométrico:* orientação, a partir das experiências concretas, utilizando os conceitos geométricos para a elaboração de mapas mentais, dependendo de algum sistema de coordenação ou direção (por exemplo: os pontos cardeais), que possa ser aplicado em aposentos, bairros, cidades, entre outros.
5. *Espaço abstrato:* orientação possível para algumas pessoas que possuam a capacidade de manejo dos conceitos para a elaboração de rotas, traçado de plantas e mapas, ideias geográficas ou problemas de navegação etc. (FELIPPE, J.; FELIPPE, V., 1999, apud SILVA, 2008, p. 152).

Em relação ao desenvolvimento dos pré-requisitos no domínio psicomotor, Felippe e Felippe (1999) chamam a atenção para que a orientação e mobilidade sejam mediadas a partir de atividades que possibilitem aos alunos cegos e com baixa visão explorarem o máximo de suas potencialidades quanto aos *movimentos básicos fundamentais* – locomotores, não locomotores e manipulativos. Exemplo: andar, correr, pular, subir, puxar, empurrar, inclinar-se, girar, manejar, sustentar, efetuar movimentos de preensão com os dedos e mãos.

Não se deve esquecer de explorar, também, as potencialidades do aluno quanto às: a) *capacidades perceptivas*, ou seja, a discriminação cinestésica, visual, tátil, auditiva e olfativa, a capacidade de coordenação. Por exemplo: consciência corporal (bilateralidade, lateralidade, dominância e equilíbrio), imagem corporal, relação do corpo com os objetos circundantes, memória visual, acuidade auditiva, acompanhamento e memória auditiva; b) *capacidades físicas:* resistência geral (cardiovascular) e resistência muscular localizada, força, flexibilidade e agilidade. Por exemplo: mudança de direção, partidas e paradas, rapidez; destrezas motoras – adaptativas simples, compostas e complexas; e c) *comunicação verbal:* movimento expressivo e movimento interpretativo. Por exemplo: postura e porte, gestos, expressão facial, movimento estético e movimento criativo.

Em relação às atividades esportivas, o aluno cego e o com baixa visão poderão contar sempre com adaptações simples para praticar xadrez, atletismo em suas diferentes modalidades, natação, judô, ciclismo em conjunto, halterofilismo, montanhismo, futebol de cinco, esqui e *goalball*.[1] Este último, o único esporte específico para cegos, inventado em 1946 pelo austríaco Hanz Lorenzen e pelo alemão Sett Reindle, como

---

[1] O *goalball* fez sua estreia internacional como esporte demonstração nos Jogos Paralímpicos de Heidelberg, em 1972. O esporte passou a distribuir medalhas para os homens nos Jogos de Toronto, em 1976; as mulheres passaram a competir nos Jogos de Nova York/Stoke Mandeville, em 1984. Em 2014, o Brasil ganhou o Campeonato Mundial masculino e dois jogadores da equipe lideraram a artilharia do torneio: Leomon Silva (51 gols) e Romário Marques (30 gols). Entre as mulheres, a equipe dos Estados Unidos bateu a Rússia por 3 a 0 na final do Campeonato Mundial, em 2014, para compensar a falta de medalhas em Londres, em 2012 (fonte: GOALBALL. Disponível em: <http://www.rio2016.com/paralimpiadas/goalball>. Acesso em: 24/03/2016).

forma de reabilitação para veteranos de guerra. O jogo tem como objetivo o arremesso de bola sonora com as mãos, no gol do adversário. Os recursos metodológicos com os quais o professor poderá contar nessa área, em conformidade com Albertí e Romero (2010, apud PLAZA, 2013, p. 209-210), em relação ao domínio espacial, ao movimento, à tática, aos materiais e regras dos jogos, são:

- *Domínio espacial:* antes de começar a atividade, o professor deverá apresentar e percorrer o espaço; sinalizar e criar pontos de orientação auditivos, táteis e visuais por todo o espaço a ser percorrido ou utilizado.

- *Movimento:* estimular os alunos cegos e com baixa visão a realizarem movimentos novos; proporcionar um modelo que sirva para perceberem o movimento e a postura; possibilitar que vivenciem lentamente os movimentos em seu próprio corpo, para que possa incorporá-lo em seu esquema corporal. Também é preciso reiterar e repetir os movimentos até que fique tudo bem compreendido, além de explicar verbalmente a realização desses movimentos, utilizando-se de clareza e objetividade.

- *Tática:* reduzir o espaço dos jogos para que alunos cegos e com baixa visão possam ter mais domínio do ambiente e, também, para reduzir os riscos; pedir a um aluno vidente que fique próximo ao aluno cego, para orientar a tarefa, quando for preciso.

Quanto às *características dos materiais* a serem utilizados nas atividades, os mesmos autores orientam que: a cor dos materiais seja adequada ao ambiente e à capacidade visual do aluno com baixa visão. Por exemplo: utilizar uma bola de cor clara no piso escuro; usar coletes de cores fortes para que distinga quem são os colegas da outra equipe; usar bolas grandes para aumentar seu domínio; usar materiais com texturas diferentes; incorporar bolas sonoras nas atividades.

Sobre as *normas dos jogos:* o aluno cego necessitará de um guia para a caminhada e para a corrida; poderá utilizar as posições de proteção e o contato com os colegas para se localizar e segui-los; ser orientado com chamadas de voz e o som de palmas ou de algum instrumento sonoro para o cumprimento de normas e penalidades, o que permitirá ao aluno cego se situar novamente no espaço e no jogo. Os treinos para esportes são iguais aos de quem enxerga.

Certamente, o professor de Educação Física também irá lidar com a superproteção familiar, o que dificulta, entre outros fatores, o desenvolvimento motor da criança cega e da com baixa visão. Tal atitude paterna ocasiona, geralmente, na criança, desempenhos inferiores nas áreas cognitiva, afetiva, social e motora, tais como:

> Mobilidade prejudicada, equilíbrio falho, esquema corporal e cinestésico não internalizados, locomoção dependente, postura defeituosa, expressões corporais e faciais muito raras, coordenação motora bastante prejudicada, lateralidade e direcionalidade não estabelecidas, inibição voluntária não controlada, falta de resistência física, tônus muscular inadequado e falta de autoiniciativa para ação motora (SOUZA, 2007, s/p).

Veja, portanto, que as dificuldades que alunos cegos e com baixa visão podem apresentar não estão ligadas à cegueira ou à baixa visão e, sim, à relação que o "outro" estabelece com quem é cego. Assim, quanto mais interações físicas ocorrerem no ambiente desses alunos, maiores serão as vivências de aprendizagem e as oportunidades para formar conceitos básicos, bem como de se relacionarem com o ambiente e com as pessoas. O contrário implica o fechamento em si mesmo, em um mundo particular e restrito pela falta de informações visuais (SOUZA, 2007). Portanto, é de suma importância mostrar e reforçar, junto aos pais, os benefícios que a participação da criança nas atividades de educação física traz para o desenvolvimento de suas potencialidades e para sua evolução de forma geral.

Bom, cara amiga professora, sinto-me vencida pelo cansaço de mais um dia de atividades pedagógicas intensas. Prometo retornar a escrever-lhe brevemente!

Um abraço pedagógico!

Natal, 27 de maio de 2016.

Cara professora!

Quero dar continuidade a nossa conversa, desta feita sobre mais duas áreas de suma importância para o desenvolvimento integral de nossas crianças cegas, com baixa visão ou não: artes e música.

Embora muitos nem pensem nisso, o campo das artes não se restringe à visualidade, assim, pessoas cegas não estão inviabilizadas de terem acesso à beleza artística (OLIVEIRA, 2002). Oliveira (s/d), em seu texto: "Arte e visualidade: a questão da cegueira", publicado no site do Instituto Benjamin Constant, nos diz que:

> A apreciação do belo, ainda que se inicie nos sentidos, chega ao seu ápice na inteligência. É na instância intelectiva que tem lugar o juízo estético. Tendo esse dado por premissa, infere-se o fator essencialmente humano que rege a experiência estética e, claro está, o contato com as artes que produzem o belo. Só o homem vivencia a beleza, já preconizava o sábio helenista Panécio. Ora, se a dimensão estética do homem radica-se prioritariamente no intelecto, não é a cegueira, ou outro impedimento de ordem física, que atua como entrave intransponível para que se tenha acesso às coisas belas.

Logo, as pessoas cegas estão em pé de igualdade no que se refere à consumação da experiência estética. O fato de não enxergar não impede que desfrutem da música, da dança, do teatro, de dramatizações, ou que possam vir a ser cantores, atores e dançarinos, por exemplo.

Você viu com que técnica, leveza, elegância e harmonia um bailarino cego dançou a música 1440 de Ólafur Arnalds,[1] no encerramento das Paralimpíadas – 2016?[2]

O problema da percepção e da atuação dos cegos no campo artístico encontra restrições essenciais somente nas artes visuais. A escultura se põe como a arte visual mais acessível aos que não veem, no entanto, tem as suas limitações, visto o tato não unificar coerentemente as proporções de uma obra que ultrapasse os limites do alcance manual. "A simplificação formal favorece a percepção, do mesmo modo como a complexidade tende a dificultá-la" (OLIVEIRA, s/d).

Nas artes plásticas, trabalha-se especialmente com cores e aspectos visuais. Então, como você poderá adaptar as atividades para que o aluno cego participe? Andrade e Plaza (2013, p. 205) assinalam os seguintes critérios que deverão ser considerados:

- substituição do conteúdo procedimental, sempre que possível, por outro equivalente, acessível ao aluno cego. Por exemplo: substituir cores por texturas, mas considerando que cada canal perceptivo tem características que lhes são próprias e que, com base em uma só situação, não podemos falar de adaptação;

- valorizar mais o processo de elaboração do que o resultado final;

- prestar atenção personalizada ao seguimento e evolução do procedimento executado.

---

[1] Ólafur Arnalds é um multi-instrumentalista e produtor musical da Islândia. Em suas composições, mistura cordas e piano em ciclos e batidas nervosas, passando do clássico ao *pop*.
[2] Poderá apreciar em: <https://youtu.be/v5jPEW1qCV4>.

Portanto, em gravuras e obras de arte[3] devem-se ressaltar as formas típicas do objeto estudado/visto, possibilitando o seu reconhecimento. As diferenças por cores nas ilustrações visuais devem ser substituídas pela diferenciação por texturas tatilmente discriminatórias. Não deverão jamais ser utilizadas, na aprendizagem do aluno cego, gravuras com ilustrações táteis que sejam apenas uma conversão em relevo de uma ilustração pensada para quem tem visão e sem nenhuma adaptação prévia.

O aluno cego também poderá executar atividades de pintura utilizando tintas, lápis de cor ou lápis de cera. Após uma contação de história ou a audição de um filme é comum pedir aos alunos que representem algo referente ao que foi visto, escutado, discutido, usando, por exemplo, a pintura a dedo. As adaptações para um aluno cego, nesse caso, podem ser as seguintes: fixação de uma folha ofício na carteira, com fita adesiva, e o auxílio da professora ou de um colega dando-lhe as tintas que solicitar.

Nas atividades de desenho também é possível a participação de tais alunos, pois revelarão a imagem mental que possuem dos diferentes elementos que os rodeiam, do que lhes contam, do que ouvem e suas relações espaciais. Tal procedimento pode ser realizado, por exemplo, utilizando-se uma prancha para desenho (imagem 2) revestida, de um lado, por uma tela fina e, do outro, por papel adesivo. O papel ficará

---

[3] É possível ao leitor verificar na internet, no endereço: <http://arteparacegos.blogspot.com.br/2015/04/museu-do-prado-para-nao-videntes-hoy.html>, obras de grandes artistas como Leonardo da Vinci e Diego Velázquez, que estiveram em exposição no Museu Nacional do Prado, em Madri/ Espanha, em 2015. Lá mesmo foi desenvolvida a pesquisa de imagens para texturalizar, dar volume e formas às obras, contando com a *expertise* de profissionais cegos.

fixo na base com tela, o que permitirá ao aluno cego ter a percepção tátil do desenho elaborado.

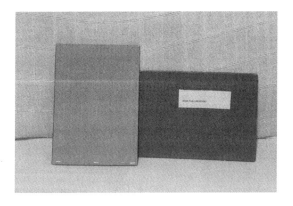

Imagem 2: pranchas de desenho.
Descrição: duas pranchas de desenho confeccionadas artesanalmente com cartão grosso e resistente. Cada base revestida, de um lado, com tela fina e, do outro, com papel adesivo.
Fonte: arquivo pessoal.

Para falar sobre ensino e aprendizagem da *música* por pessoas cegas me apoio nos escritos de Andrade e Plaza (2013) e em uma pesquisa de mestrado recentemente realizada na Universidade Federal do Rio Grande do Norte, por Bezerra (2016), que, entre os resultados encontrados, aponta que:

Os processos de aprendizagem musical das pessoas com deficiência visual não diferem dos processos de aprendizagem musical ocorridos em uma turma de pessoas neurotípicas (sem deficiência). Todos os processos encontrados durante a investigação podem também ser vistos na literatura de educação musical e em pesquisas que abordam o ensino da música com pessoas sem deficiência visual (BEZERRA, 2016, p. 110).

Andrade e Plaza (2013), por sua vez, orientam que o ensino e a aprendizagem da expressão e produção musical se realiza por três meios diferentes: *a voz e o canto*; *os instrumentos e o movimento* e *a dança*. Conforme explica, a canção promove o desenvolvimento da memória, a discriminação auditiva, a imitação e o desenvolvimento vocal. O uso de instrumentos de percussão e o estudo de um instrumento favorecem o desenvolvimento da lateralidade, o sentido do ritmo, o controle motor e a tomada de consciência espaço-temporal. Por meio do movimento da dança também se desenvolve o sentido do ritmo e se contribui para a tomada de consciência do próprio corpo e a interiorização do esquema corporal, além do conhecimento e domínio do espaço.

No caso do ensino da música é importante que os alunos cegos e com baixa visão tenham conhecimento do espaço onde as aulas se desenvolverão. Que saibam quais são e onde estão localizados os materiais e instrumentos a serem utilizados.

A linguagem musical para tais alunos pode ser repassada por meio de ajudas técnicas, como cópias de partituras e letras de músicas ampliadas para facilitar a leitura e a escrita das notas musicais por alunos com baixa visão. Os que são cegos se utilizarão da *musicografia braille* – ou seja, da grafia utilizada para pessoas cegas lerem e escreverem partituras. Logo, já deve ter se dado conta, cara professora, da importância do aluno ter conhecimento de seu código de *lecto*-escrita, o *braille*.

Para que a aprendizagem ocorra será necessário, em um primeiro momento, o uso de material em relevo, com o qual se possam representar as qualidades do som, por exemplo: uso de fichas com figuras musicais convencionais, fichas adesivas com velcro para usar como notas, entre outras (ANDRADE apud PLAZA, 2013).

Segundo Bezerra (2016), recursos didáticos como a cela *braille* em E.V.A. e em MDF, bem como a reglete positiva,[4] o punção e o software *musibraille* são propícios à aprendizagem da escrita musical por alunos cegos. Os dois primeiros, segundo o pesquisador, são muito favoráveis quando os alunos estão iniciando a aprendizagem do *braille*, pois, além de oportunizar maior sensibilidade tátil, possibilita a compreensão e a escrita da notação musical em *braille*.

O mesmo autor adverte, porém, que o *braille* na cela em MDF poderá apresentar, a quem está iniciando a aprendizagem do *braille*, maior grau de dificuldade quanto ao manuseio e percepção tátil, no entanto, permite a formação de grupos de notas, escalas e a construção de compassos maiores.

O que deve ser levado em consideração, segundo o pesquisador, no ensino de música para cegos, não é apenas as condições sensoriais do aluno, mas a maneira como o caminho didático deve ser construído. Para tanto, aponta seis processos de aprendizagem musical[5] que utilizou com seus alunos: *percepção musical, escrita musical, leitura musical,*

---

[4] A reglete positiva é um recurso utilizado na transcrição da escrita em *braille*. Diferentemente da reglete tradicional, que realiza a escrita da direita para a esquerda e de forma espelhada, na reglete positiva o aluno escreve da mesma forma que se lê, ou seja, da esquerda para a direita.

[5] Para saber mais sobre os processos, ler a dissertação de mestrado de Bezerra (2016).

imitação/repetição, memorização e execução/prática instrumental, para os quais indica os caminhos didáticos que podem ser utilizados, a saber: *estratégias, atividades, motivação, conhecimento prévio, diversidade de atividades e cooperação.*

Bom, cara professora, despeço-me dizendo ainda que para Bezerra (2016, p. 120) a aprendizagem musical ocorre por um processo simples de repetição e imitação permeado de afetividade, tendo como base a experiência sensorial e a observação atenta que prepara para a integração.

Um curso na área da musicografia *braille* favorecerá o ensino da música instrumental e profissional a estudantes cegos que queiram aprofundar seus conhecimentos e enveredar pelo campo mágico da música. Agora, para despertar a sensibilidade musical, junto aos alunos cegos, ou não, da Educação Infantil às séries inicias e finais do Ensino Fundamental, nada como utilizar o canto e a escuta da música de diferentes estilos, em sala de aula, quer como intenção didática, quer pelo prazer de promover momentos de interação social e cultural entre os alunos.

Penso que, para tanto, é bastante considerável a sensibilidade de cada professor em oferecer belas canções e a experiência de exercitá-las por meio da audição, da voz e do canto e, por que não, associando-a ao movimento e à dança, promovendo ludicamente, por meio da trilogia: auditivo, tátil e motor, o desenvolvimento da memória, da discriminação auditiva, da imitação, do desenvolvimento vocal e motor, preenchendo, portanto, os seus dias na sala de aula da beleza e do prazer que a música proporciona!

Até breve!

Natal, 12 de agosto de 2016.

Caríssima professora!

Embora tenha apontado, em sua carta, as dificuldades que vem sentindo em ensinar, e o aluno cego em aprender Matemática, afirmo que não há uma ligação direta entre a cegueira e as dificuldades que porventura podem ser encontradas na aprendizagem dos conteúdos próprios dessa área do conhecimento. Aponto-lhe algumas causas de dificuldades mais significativas entre estudantes cegos, ligadas ao currículo, e que são dignas de nota. Primeiramente, me referirei ao *cálculo*, que é requerido já nos anos iniciais do Ensino Fundamental, em especial o cálculo mental e a estimativa. Para tanto, inicialmente me apoiarei nos estudos de Fernandèz de Campo (1986).

Para aquele estudioso, o bloqueio na aprendizagem do cálculo por alunos cegos está no caráter abstrato dos exercícios propostos em sala de aula, na escassa atenção dos alunos, no uso errado de automatismo (dominados de modo ineficiente) e na consideração da realização do cálculo como instrumento de tortura. Para sanar tais dificuldades, Fernandèz de Campo (1986) propõe que seja dada ênfase ao cálculo mental e, eventualmente, ao uso da calculadora como complemento. O exercício do cálculo mental, completado com o uso da calculadora sonora (para os cegos) e com tipos ampliados (para quem tem baixa visão), compensará a lentidão imposta pelos instrumentos específicos do cálculo.

Também posso frisar que muitas das dificuldades em aprender conceitos matemáticos e cálculo ocorrem por tais alunos não participarem das mesmas oportunidades de aprendizagem oferecidas aos demais alunos, e por uma metodologia desinteressante, cartesiana e fora de contexto.

Essas dificuldades também se dão devido a concepções que vêm se arrastando historicamente sobre pessoas na condição de deficiência, sendo vistas como seres imperfeitos, incapazes, inapropriados à aprendizagem e ao convívio social. Uma vez que são vistos assim, muitos alunos com deficiência visual ficam à margem do grupo e à mercê de si mesmos, sem estabelecer as relações tão necessárias ocorridas em torno dos objetos de aprendizagem na área da Matemática.

Bom, outro ponto de dificuldade no campo da Matemática, que tem estreita relação com o cálculo mental, é a *estimativa*, muito usada no cotidiano das pessoas com e sem deficiência visual, porém pouco enfatizada no ensino de Matemática, que, por sua vez, dá espaço exclusivo à exatidão. Para os cegos, o trabalho com estimativas tem valor real, visto que o seu domínio está atrelado ao conhecimento dos objetos, de sua medida, de sua distância em relação a outras pessoas e da própria relação consigo mesmos. Tal estimativa, juntamente com a compreensão e interiorização com unidades de medida ligadas ao corpo (dois pés, um palmo), constitui excelente instrumento de aproximação com os valores reais.

Um material que necessariamente deve ser usado em sala de aula é o *sorobã*[1] (imagem 3), para a realização de cálculos. Esse instrumento, adaptado do ábaco chinês, tem como

---

[1] O sorobã ou soroban chegou ao Brasil na bagagem dos primeiros imigrantes japoneses, no ano de 1908. A arte de calcular com o sorobã, denominada *Shuzan*, foi divulgada pela primeira vez pelo professor Fukutaro Kato, que em 1958 publicou o livro: *Soroban pelo método moderno*. Este mesmo professor fundou, em São Paulo, a Associa-

objetivo a realização de contas com maior rapidez. Seu uso possibilitará o desenvolvimento da concentração, atenção, memorização, percepção, coordenação motora e cálculo mental. Diferentemente da máquina calculadora, quem manuseia esse instrumento é o responsável pelos cálculos.

Imagem 3: sorobã.
Descrição: mãos de uma pessoa manuseando um sorobã preto, de contas brancas, sobre uma mesa.
Fonte: autora.

Você poderá utilizar com esses alunos, para compreensão dos conceitos matemáticos, os mesmos recursos didáticos de que fazem uso os alunos com a visão normal, desde que estejam perceptíveis ao tato. Há muitos jogos possíveis de serem adaptados para que o aluno cego e com baixa visão possa fazer uso junto aos demais alunos, tal como o baralho[2] adaptado, que apresento a você na imagem 4:

ção Cultural de Shuzan do Brasil (ACSB), que organiza campeonatos anuais (Ver: <http://www.bengalalegal.com/soroban>).
[2] Há baralhos que também trazem, nas cartas, a transcrição em *braille*.

Imagem 4: cartas de baralho com numeração e letras ampliadas.
Descrição: quatro cartas de baralho dispostas sobre uma mesa.
Da esquerda para a direita veem-se os naipes: ás de ouro;
dois de espadas; dama de copas e oito de paus.
Fonte: autora.

No ensino da *geometria* é importante que o aluno cego possua prévio conhecimento do esquema corporal e, também, que tenha desenvolvido a lateralidade, a destreza manipulativa e a percepção tátil. Recomendo a utilização de várias formas geométricas existentes no mercado, do próprio ambiente escolar, dos materiais didáticos, do próprio corpo da criança, para que aprenda de forma concreta e lúdica. Isso também porque, ao iniciar a escolarização e durante todo o processo educativo, a manipulação de objetos reais e de corpos geométricos será o meio, por excelência, de apropriação, reconhecimento, significação e transferência correta da aprendizagem às atividades cotidianas. Portanto, o conhecimento e a familiaridade do aluno com o seu meio deverão ser um objetivo claro em seu plano de aula.

Em todas as áreas do conhecimento, o ensino por meio de estratégias de cooperação,[3] em qualquer abordagem implementada, deve ser estimulado. As atividades em grupos organizados heterogeneamente quanto a gênero, cultura, etnia e capacidades, quando bem mediadas, contribuem para mudanças de atitudes em relação às diferenças e para o desenvolvimento dos alunos.

A interação provocada com a realização dos trabalhos em grupo, onde todos se envolvem, mesmo que estejam em níveis de aprendizagem e realização diferentes, possibilita a consideração dos diferentes níveis de desenvolvimento cognitivo e afetivo, o respeito aos ritmos diferenciados de pensamento e de ação, a valorização dos processos complexos de pensamento e uma melhorar aquisição de competências (PATO, 2011; SILVA, 2011).

As atividades cooperativas são extremamente favoráveis à aprendizagem de crianças e jovens com deficiência visual, pois, ao compartilharem as atividades, sentem-se parte do processo educativo, da sala de aula, da comunidade escolar, porque têm a oportunidade de participar como podem e de aprender porque participam.

Concluo essa carta pedindo a você que considere, durante a elaboração dos planos de aula, *o ritmo*, tanto na elaboração quanto na interpretação das representações de cada aluno cego ou com baixa visão que vier a ter em sala de aula, pois poderão ser mais lentos do que os demais alunos com

---

[3] Sugiro a leitura do livro: SILVA, Maria Odete Emygdioda. *Gestão das aprendizagens na sala de aula*. Lisboa: Edições Universitárias Lusófonas, 2011, no qual a autora mostra como desenvolver os trabalhos em grupo, apresentando estruturas cooperativas propostas por Leitão (2006).

visão normal. Que não valorize *a precisão* e *a apresentação formal* das atividades, levando em conta apenas critérios generalizados; e, finalmente, que sempre propicie atividades cooperativas e dê *apoio verbal* ao aluno, o que é de suma importância para que tenha *feedback* sobre o desenvolvimento da atividade durante o processo de interpretação e de execução das tarefas (ANDRADE, 2013).

Paz e luz!

Natal, 24 de agosto de 2016.

Caríssima professora!

Hoje quero contar uma pequena história para, a partir dela, tecer algumas considerações. Aconteceu comigo, em uma sala de aula, em um dos semestres letivos já passados.

Fui avisada pela coordenação do curso que daria aulas em uma turma na qual estava matriculado um rapaz cego, que aqui irei chamar de Mar. Ao chegar à sala de aula, com as carteiras todas enfileiradas, vi um rapaz acompanhado por uma moça, no fundo da sala. Reconheci que era ele o aluno cego, pois ao seu lado, encostada na parede, descansava uma bengala. Pedi as alunas presentes que me ajudassem a colocar as carteiras em círculo para, então, poder iniciar a aula.

Na ocasião, havia preparado uma dinâmica de apresentação do grupo, antecedendo a discussão que, posteriormente, seria proposta. Pedi a Mar e a sua companheira para sentarem-se em uma carteira a meu lado. Para minha surpresa, a moça recusou e disse que não era aluna, e, sim, a irmã de Mar. Depois fiquei sabendo que a mesma o acompanhava todos os dias à universidade e que assistia todas as aulas para auxiliá-lo nas leituras e atividades propostas pelos professores.

A dinâmica de apresentação, que tinha dois objetivos – conhecer um pouco mais os colegas da turma e perceber semelhanças e diferenças entre eles –, foi desenvolvida da seguinte forma: entreguei a cada aluno uma folha de papel A4 e pedi que desenhasse algo que representasse uma característica marcante de si mesmo. Deixei à disposição de todos lápis de cera, caso desejassem colorir o desenho. Uma aluna perguntou-me baixinho: "Professora, como Mar fará o desenho, se é cego?". Pedi que ela esperasse, pois logo saberia.

Para Mar, além da folha A4, entreguei uma prancha de desenho, idêntica à da imagem que lhe enviei em carta anterior, feita por mim mesma com cartão e revestida, de um lado, por uma tela fina e, do outro, por papel adesivo (vide p. 61). Disse-lhe que a folha ficaria sobre a base com tela, presa por um pregador de roupas – o que garantiria a permanência da folha sobre a mesma. Após a entrega do material, pedi que pensassem sobre a tal característica e a reproduzissem em forma de desenho. Mar desenhou a estrutura externa de uma casa. Ao socializarmos os desenhos, cada um dizia seu nome, apresentava o desenho e falava sobre a característica nele representada. O fato de Mar ter desenhado uma casa significava que era uma pessoa muito dedicada à família, segundo ele, seu "porto seguro" e o lugar onde se sentia "protegido". Após todos falarem, conversamos se havia mais semelhanças ou diferenças entre o grupo e em que isso favorecia ou dificultava a convivência e as tarefas pedagógicas cotidianas.

A atividade[1] seguinte seria para, em dupla, ler um texto de uma página e meia, conversar e refletir sobre si mesmos como aprendizes de professores e sobre a aprendizagem das crianças que tinham/teriam para ensinar. Deve estar se perguntando se Mar fez a atividade. E respondo: Sim, fez junto com uma colega que, mais tarde, soube que era a única na

---

[1] O texto utilizado nessa atividade, denominado "O que sabemos sobre a aprendizagem?", se encontra na página 53 do livro: DUK, Cynthia. *Educar na diversidade:* material de formação docente. 3. ed. Brasília: MEC, SEESP, 2006. O desdobramento da atividade sugerida no livro foi adaptado para atender aos objetivos previstos para a turma.

turma que se propunha a fazer atividade com ele. Mas essa é outra história! A colega exerceu a função de ledora e escriba, visto que o texto não se encontrava em *braille*.

Com essa curta história pedagógica, quero chamar sua atenção para dois fatores que considero de suma importância na sala de aula: *o estabelecimento de interação social* e *o uso de recursos didáticos associados a estratégias pedagógicas* concernentes às especificidades de aprendizagem dos alunos cegos que venhamos a ter em sala de aula.

Porém, antes, preciso falar da constância de casos de acompanhantes de alunos cegos em salas de aula, às vezes um familiar ou mesmo o chamado professor: "auxiliar", "assistente", "cuidador", fazendo com ou pelo aluno o que este poderia fazer na interação com os demais colegas. O primeiro, zeloso com seu ente querido, por não sentir segurança em deixá-lo sozinho, pode tolher a iniciativa do aluno em cobrar, instigar, sugerir, participar de forma mais ativa nas decisões que poderão ser tomadas em sala de aula.

O segundo, em sua maioria sem formação específica (não tenho receio em afirmar), em geral, apenas terminou o Ensino Médio ou, então, é estudante de Pedagogia ou de outras licenciaturas e que, sem apoio da coordenação pedagógica, tomou para si a responsabilidade de ensinar o aluno, visto a ele ter sido atribuída tal função. Esse profissional deveria trabalhar de forma articulada com o planejamento do professor regente da turma e ter assegurados os horários de formação em serviço, de preferência junto com o professor regente.

É preciso que cada professor regente entenda que é dele a responsabilidade do ensino a todos os alunos, sem exceção. Que o papel do professor auxiliar é o de contribuir para com a prática docente, de forma a construir, em colaboração com o professor regente, novas concepções e experiências pedagógicas. Em conjunto, devem buscar meios de promover intervenções com vistas a propiciar um ambiente de aprendizagem que capacite todos os alunos a terem êxito, apesar das diferenças.

E aqui peço licença para me repetir e dizer que a cegueira não torna a pessoa um ser incapaz. Que sempre é possível, ao professor, lançar mão de estratégias de colaboração, quando não temos, por alguma razão, materiais que permitam ao aluno cego fazer uma atividade de forma mais independente. O que não fere a competência em possibilitar, também a esse aluno, estímulo para que, na troca e no exercício do diálogo com o outro, seu parceiro de atividade, possa operar ideias, analisar os fatos e discuti-los, construindo, assim, o seu ponto de regulação para um pensar competente e comprometido com determinadas práticas sociais (MARTINS, 2016).

Quanto ao fator interação social, há de concordar que é imprescindível para a ocorrência de aprendizagens significativas. Assim como é de responsabilidade de cada professor mediá-la, independentemente do nível de ensino em que esteja lecionando. Logo, pensar sobre a importância das trocas entre os parceiros da aprendizagem como momentos significativos nos processos de ensinar e aprender nos remete, necessariamente, à psicologia sócio-histórica. Conforme Martins (s/d, p. 116):

> As interações sociais na perspectiva sócio-histórica permitem pensar um ser humano em constante construção e transformação que, mediante as interações sociais, conquista e confere novos significados e olhares para a vida em sociedade e os acordos grupais.

As trocas entre cegos e videntes, por meio da linguagem, promovem o processo de internalização, que, se bem mediado, não acontecerá como adoção passiva do conhecimento previamente apresentado pelo outro, o vidente. Mas, sim, como um processo de reconstrução mental do funcionamento interpsicológico, quer dizer, sai do estado em que era capaz de fazer coisas graças às indicações recebidas para o estado em que é capaz de fazer essas coisas sozinho (regulação intrapsicológica).

Faço com que recorde que internalização, para Vygotsky (1994, p. 63), "é a reconstrução interna de uma operação externa". Caracteriza-se, portanto, como uma "aquisição social onde, partindo do socialmente dado, processamos opções que são feitas de acordo com nossas vivências e possibilidades de troca e interação" (MARTINS, s/d, p. 117).

Ao valorizar as interações, não estou querendo dizer que na sala de aula os papéis não precisam estar bem definidos, pelo contrário, esses papéis estão determinados, porém não podem ser vistos como algo rigidamente constituídos. O professor continuará a ser o mediador das aprendizagens, mas também é aquele que aprende com os alunos e que permite que estes aprendam com seus pares, quer estejam em condição de cegueira, ou não.

Continuarei acreditando, na minha trajetória pedagógica, que o homem se constitui enquanto tal no confronto dialético com as diferenças, e que a escola, a sala de aula, é o espaço privilegiado de atenção a essas diferenças e ao diálogo. É o lugar no qual se apresentam diferentes realidades e onde, no conjunto de tantas vozes, acabamos por negociar os conflitos que se apresentam, perante o que não conhecemos ou não temos total domínio. Onde nos damos a conhecer e obtemos conhecimento do jeito de ser e de aprender do outro, o aluno cego.

O segundo fator que chamo a atenção, a partir da história contada, diz respeito ao uso *de recursos didáticos* ou *recursos de ensino e estratégias* voltados às especificidades de apropriação do mundo por pessoas cegas. É importante que eu apresente a você a diferença entre um e outro e aponte alguns aspectos que mostram a importância de utilizar os recursos didáticos para a aprendizagem de todos os alunos.

Os recursos didáticos ou recursos de ensino são componentes do ambiente da aprendizagem que proporcionam a estimulação do aluno (GAGNÉ, R., 1971). Sua importância está em seu uso como um meio e não como um fim em si mesmo. Tanto o livro em *braile* quanto o uso do computador com sintetizador de voz, o próprio professor, os mapas e cartazes táteis, os filmes etc. podem possibilitar ao estudante cego uma aproximação com a realidade, a ampliação da capacidade de observação, pelos sentidos remanescentes, do mundo que o rodeia e a construção de autonomia.

A função dos recursos de ensino, portanto, é a de motivar e despertar o interesse dos alunos, favorecer o desenvolvimento da capacidade de observação, aproximar o aluno da realidade, possibilitar a visualização ou concretização dos conteúdos da aprendizagem, permitir a fixação da aprendizagem, ilustrar noções abstratas e desenvolver a experiência concreta (GAGNÉ, R., 1971).

Para a produção de recursos de ensino possíveis de serem utilizados por um aluno cego, é preciso considerar o tamanho, a significação tátil, a fidelidade ao real, a facilidade de manuseio, a simplicidade, a resistência e a segurança (MANZINI, 2006). Em sua elaboração, podem ser aplicadas texturas variadas, contraste de cores (laranja no azul, vermelho no marrom, branco no preto), visto serem utilizados por todos os alunos da turma, podendo-se fazer uso de cordão, linha, cartolina, madeira, feltro, papel camurça, cola colorida, miçangas, sementes, elástico, cartão entre outros.

Os *mapas*, por exemplo, poderão ser contornados ou confeccionados com barbante, aplicando-se diferentes texturas para indicar as regiões, países etc. Ou impressos em alto-relevo no *Termoform* ou outra máquina apropriada para tal fim.

O aluno cego pode e deve participar da *confecção e organização de painéis, cartazes táteis e exposição de murais* dos temas em estudo. É preciso, porém, atentar para a fixação do material nos painéis e murais, tendo-se o cuidado de não aplicar fitas adesivas sobre o material, pois estas falsificam a textura. De igual modo, não devem ser usadas colas que ultrapassem os tecidos finos, porque mascaram a realidade da textura. No entanto, sacos plásticos finos, para colocar materiais como folhas, sementes, areia, podem ser empregados. Porém, não se esquecer de colar tarjetas com a inscrição em letra cursiva e em *braille*, contendo as informações necessárias fixadas nos sacos.

As estratégias de ensino nada mais são do que procedimentos que incluem operações ou atividades que perseguem um propósito determinado. "Um plano sistemático e conscientemente adaptado e monitorado para melhorar o desempenho do aluno em sua aprendizagem" (HARRIS; HODGES, 1999, p. 105). As atividades, por sua vez, são as ações dos alunos orientadas pelos procedimentos, no sentido de (re)construírem o caminho do conhecimento, como, por exemplo: a leitura ou escrita de um texto.

Dentre as tantas estratégias e atividades que você poderá propor a um estudante cego ou com baixa visão, podemos citar: pesquisas; observação e registro; aula expositiva dialogada; instrução unificada, ou seja, a associação de dois ou mais sentidos para a apreensão dos conhecimentos; autoatividade; aprendizagem concreta; desenho com o uso de tintas, lápis de cor, dramatizações; expressão verbal; trabalhos individuais e de grupo; jogos cooperativos; atendimento individualizado; avaliação oral e escrita; seminários; aulas de campo.

Chamo a atenção para as aulas de campo, pois os alunos cegos precisarão de informações adicionais que o aproximem do que os outros alunos estão vendo pelo canal visual. Portanto, a descrição do ambiente deve estar associada ao toque das coisas, dos objetos. Sempre que possível, o toque deve ser feito com os dedos descobertos, para que a percepção tátil seja real e completa. O sucesso da aula de campo dependerá do conhecimento que você tem da área a ser estudada, da definição clara dos objetivos a serem alcançados, dos procedimentos e dos elementos mais adequados à aplicação de recursos didáticos específicos e da instrução unificada. Ou seja, da possibilidade de o aluno cego ou com baixa visão conseguir, por meio do tato, associado aos demais sentidos, ter acesso ao que está sendo visto pelos demais alunos (SILVA, 2008; 2013).

Você pode estar pensando agora: "Mas isso eu já faço com meus alunos videntes!". Foi o mesmo que pensei quando passei quatro meses no Instituto Benjamin Constant, no Rio de Janeiro, fazendo um curso de especialização. Confesso que fiquei um pouco decepcionada, pois achava que era tudo muito diferente!

Ao término do curso, concluí que os conhecimentos adquiridos em minha formação inicial, nos cursos de Magistério e de Pedagogia, continuavam sendo úteis, também, para trabalhar com pessoas cegas ou com baixa visão e que o que mudava eram alguns recursos e instrumentos utilizados, além da adequação de estratégias para atender às suas especificidades individuais de aprendizagem. E que o que mais necessitam é que acreditemos em seu potencial, que lhes ofereçamos os suportes, a mediação e as ajudas técnicas de que precisam para que desenvolvam, com sucesso, as atividades propostas. E quão infinitas são as possibilidades de reinventarmos as estratégias, os percursos metodológicos, quando nos dispomos a aprender junto com eles!

Despeço-me, portanto, reafirmando que no trabalho em sala de aula ou fora dela, o indivíduo cego ou com baixa visão deve ser considerado como um aluno em potencial. Logo, considere o desenvolvimento real desses alunos e parta do estabelecimento das relações com as situações encontradas em sala de aula, no bairro, na cidade, no país, utilizando-se de estratégias, atividades e recursos de ensino que os ajudem na percepção crítica do mundo e na construção de uma aprendizagem autônoma e significativa.

Até breve!

Natal, 30 de agosto de 2016.

Saudações!

Devo concordar com você sobre a realidade do ingresso de crianças cegas e com baixa visão em escolas comuns de Ensino Infantil e sobre o desconforto para uns, e preocupação, para outros, em como fazer valer o direito dessas crianças a esse nível de ensino.

Contenta-me saber do seu conhecimento sobre a garantia legal do acesso e da permanência de tais crianças nas escolas comuns pela política de educação para todos que, de acordo com o Referencial Curricular da Educação Infantil (2011, p. 11), "priorizam a valorização da dimensão humana, da criança cidadã com seus direitos fundamentais e deveres garantidos desde seus primeiros anos de vida" (BRASIL, 2011, p. 11). E, também, por dizer, utilizando suas próprias palavras: "que antes de ser um direito legal, a criança com deficiência tem o direito humano à educação".

Chamo sua atenção para a expressão "criança cidadã", cunhada no texto do documento, que nos leva a afirmar que, sim, crianças com deficiência visual também devem ser consideradas como sujeito que produz cultura, inserido num determinado contexto sócio, histórico e cultural, e que pode desenvolver um olhar crítico do mundo, subvertendo sua ordem. E acrescento que devem ser vistas como pessoas cheias de imaginação, fantasia e criação. Concebê-las como incapazes, legitima unicamente uma posição ideológica, que nega a realidade.

Não podemos nos conformar com expressões do tipo: "Coitadinha, tão bonitinha, mas é cega"; "Não sei por que matricularam essa criança aqui, porque, se ela mal consegue enxergar, como irá aprender?"; "Ela é uma pobre criança cega, carente e destituída de conhecimentos". Antes, temos que questionar a que conhecimentos se está aí referindo? Àqueles que supõem a criança vidente como modelo padrão para avaliar e comparar a todas as outras crianças, tão diferentes e originais?

É preciso que compreendamos que as sociedades, nos diferentes tempos históricos, engendraram e legitimaram por meio de suas políticas e relações sociais a visão de criança, jovem ou adulto cegos como pobres, carentes, indigentes e incapazes, dignos da piedade alheia e divina. Visão essa que na sociedade contemporânea, infelizmente, ainda se faz presente, propiciando, muitas vezes, que em escolas pessoas assim sejam submetidas a práticas pedagógicas excludentes e à marginalização dos processos educativos.

Considerando tais aspectos, escolas de Educação Infantil necessitam organizar e redimensionar suas concepções sobre cegueira, sobre quem é cego ou sobre quem tem baixa visão, para rever suas práticas. Elaborar ou redimensionar seu programa de estimulação precoce, que se constitui em um atendimento educacional especializado diferenciado, em sua essência, do oferecido às demais crianças do Ensino Fundamental, mas que pode e deve ser oferecido em Sala de Recursos Multifuncionais, com a devida organização do espaço e com profissional especializado.

Tal serviço encontra-se assegurado na Lei de Diretrizes e Bases da Educação Nacional – Lei 9.394 de 20 de dezembro de 1996 – e na Constituição da República Federativa do Brasil (1988), que também asseguram o acesso e a permanência, com êxito, da criança na escola, desde os seus primeiros anos de vida, com a efetiva colaboração da família e da comunidade.

Logo, para que tal garantia se efetive, a prática pedagógica a ela direcionada precisa ser dinâmica, com um currículo que a contemple como um ser humano em desenvolvimento, e mediado na consideração das inter-relações entre ela, os professores, seus pares e seus familiares, considerando as suas especificidades de aprendizagem e suas características pessoais na convivência em sala de aula. O que exige atualização de conceitos, princípios e estratégias que tenham como objetivo principal promover a atenção integral às crianças, num esforço conjunto de aprendizagem compartilhada entre os gestores das políticas de educação, do contexto escolar, das famílias e da própria criança (BRASIL, 2001).

Consoante com a fundamentação legal e as diretrizes gerais da educação, a educação especial articula-se com a Educação Infantil, no seu objetivo de "garantir oportunidades socioeducacionais à criança, promovendo o seu desenvolvimento e aprendizagem, ampliando, dessa forma, suas experiências, conhecimentos e participação social" (BRASIL, 2001, p. 14).

Desde o nascimento, as crianças cegas, assim como as que têm baixa visão e as que não têm problemas visuais, começam a desenvolver seus sentidos, a explorar o mundo a sua volta, a reconhecer vozes, cheiros, texturas, sabores. Mas, diferentemente das que enxergam, as primeiras precisam ser mais estimuladas, provocadas a tatear, ajudadas a compreender o que sentem e a realizar ações comuns às que têm a visão normal.

Portanto, é interessante que o professor fale e auxilie a criança a compreender aquilo que os olhos não lhe permitem ver.

Vou contar uma situação presenciada em uma escola que, certamente, servirá para fazer você compreender melhor o que falo e para que não incorra no mesmo erro, quando passar por situação semelhante:

> Todas as crianças estavam no pátio da escola, devidamente localizadas para o ensaio de dança que seria apresentada no final do ano, aos pais. A professora de dança chama a atenção do aluno cego puxando-o pelo braço; se coloca em sua frente para explicar como ele deveria proceder e diz: "*Você tem que fazer assim...*", em seguida rodopia, faz passos de samba, se volta pra ele e diz: "*Entendeu?*". Naquele instante, a perplexidade de todos se traduzia em um silêncio que parecia não ter fim, até uma das crianças quebrá-lo, dizendo: "Professora, ele não enxerga!" (SILVA, 2004).

Como vê, insistir em atitudes puramente visuais não possibilitam a internalização da ação por quem não enxerga. Isso porque lhe falta a possibilidade natural de imitar, de repetir, de constatar deliberadamente ações que requeiram a visão como elemento facilitador, sendo necessária para tal internalização, para a compreensão da ação, a contribuição do uso dos demais sentidos.

Desse modo, posso dizer que a ação de ensinar os passos de dança à criança referida poder-se-ia processar por meio do uso da linguagem corporal, da fala, do tato e dos sentidos cinestésicos, promovendo, portanto, a interação, a internalização, o conhecimento significativo da ação para posterior reprodução.

Assim, toda criança cega ou com baixa visão precisa ser deliberadamente ensinada a tocar as coisas e a pegar os objetos para conhecer as suas características, nominando-os. Deve ser estimulada a desempenhar tarefas, por meio de instruções que associem informações táteis às auditivas, gustativas, olfativas, cinestésicas. Necessitará de informações auditivas e olfativas para guiar-se nos ambientes, para obter orientação em relação ao espaço e à distância.

O ensino da leitura, da escrita, da Matemática e das demais áreas do conhecimento deve não só primar pela aprendizagem concreta, pelo aprender fazendo, com o auxílio de recursos didáticos que considerem a capacidade visual da criança, como também fazer uso de estratégias para o desenvolvimento de atividades individualizadas e em grupos, tais como: a produção de álbuns, pintura, teatro, jogos, brincadeiras, desenhos, *cards*, *video game*, entre outras, que também podem fazer parte do cotidiano de crianças com deficiência visual.

Na produção de brinquedos artesanais, considerar mais os atributos táteis, sons e cheiros do que os visuais. Os mesmos materiais citados em carta anterior, para produção de recursos didáticos, também podem ser empregados na confecção de brinquedos para crianças pequenas. Com material de sucata, podem ser elaborados carrinhos, bonecos e bonecas, bolas, dominó entre outros. Aliás, para imprimir relevo a um dominó, poderá ser usado o feltro, por exemplo, além das inscrições em *braille* e letra cursiva, para que outras crianças em processo de alfabetização também possam fazer uso e se beneficiar desse método.

Na fase da infância, os jogos e brinquedos são indispensáveis às crianças cegas e com baixa visão, pois ajudam a desenvolver muitas habilidades perceptivas, motoras, o raciocínio, a criatividade, a socialização e a interação com seus pares. Os jogos, assim como as brincadeiras cantadas, como, por exemplo, as cantigas de roda, os cânones,[1] as brincadeiras de cabra-cega, esconde-esconde, faz de conta, de competição, entre outros, também favorecem o desenvolvimento intelectual, motor, a sensibilidade e a interação com o outro, uma vez que possibilitam que a crianças se comuniquem, estabeleçam ligações afetivas, transmitam e recebam informações.

Fonte privilegiada de prazer, o brincar na infância permite "acalmar angústias, organizar a agressividade, experienciar as mais diversas situações, colecionar vivências e integrar regras da vida em sociedade" (CARVALHO; PEREIRA, 2013).

Corroborando com as autoras citadas, finalizo dizendo que o mundo da criança cega é aquele possível às suas mãos e ao restante dos sentidos. Assim, a mediação do professor ou de quem quer que esteja a seu lado é imprescindível para ela acercar-se significativamente do mundo a seu redor e, assim, combater o isolamento e a falta de contato com um ambiente envolvente.

Um excelente trabalho!

---

[1] Na música, cânone é uma composição a duas ou mais vozes entoando uma mesma melodia, que se caracteriza por essas vozes serem entoadas de forma defasada no tempo (disponível em: <https://www.significados.com.br/canone/>. Acesso em: 17 set. 2016).

REFERÊNCIAS

ALBERTÍ, Margarida Boada. ROMERO, Laura Ortega. Alumnado con discapacidad visual. Barcelona: Graó, 2010.

_____. *Alumnos Condiscapacid visual*: escuela inclusiva – alunos distintos pero no diferentes. Barcelona: Editorial Graó, 2010.

AMARAL, Lígia Assumpção. *Pensar a diferença/deficiência*. Brasília: Coordenadoria Nacional para Integração da Pessoa Portadora de Deficiência, 1994.

ANDRADE, Pablo Martín. La educación de lãs personas com ceguera y deficiência visual. In: PLAZA, Carlos M. Santos (org.). *La discapacidad visual*: implicaciones em el desarrollo – El reto de la Inclusión Educativa. Madri: Sanz y Torres, 2013.

_____; PLAZA, Carlos Manuel Santos. *Intervención en las diferentes etapas educativas*. In: PLAZA, Carlos M. Santos (Org.) *La discapacidad visual: implicaciones en el desarrollo – El reto de la Inclusión Educativa*".Madri: Sanz y Torres, 2013.

ARNAIZ, Pilar. MARTINEZ, Rogelio. Educación Infantil y Deficiencia Visual. Madri: Editorial CCS, 1998.

BEZERRA, Edibergon Varela. *Música e deficiência visual*: os processos de aprendizagem musical no projeto esperança viva. Natal: UFRN, 2016 (Dissertação de Mestrado).

BRASIL. Ministério da Educação. Secretaria de Educação Especial. Secretaria de Educação Fundamental. Referencial Curricular Nacional para a Educação Infantil: estratégias e orientações para a educação de crianças com necessidades educacionais especiais. Ministério da Educação: Brasília: MEC, 2001.

BRUNO, Marilda Moraes Garcia. *Avaliação educacional para alunos com baixa visão e múltipla deficiência na educação infantil*: uma proposta para adaptação e elaboração de instrumentos – Manual de aplicação. Marília, 2005. Tese (Doutorado em Educação) – Faculdade de Filosofia e Ciências, Universidade Estadual Paulista.

_____. *Avaliação educacional para alunos com baixa visão e múltipla deficiência na educação infantil* . Dourados – MS: Editora da UFGD, 2009 (Obra de domínio público disponível para *download* no portal do MEC – www.dominiopublico.com.br).

CARVALHO, Ana Margarida; PEREIRA, Rita. *Brincar é um assunto sério* (2013). Disponível em: <http:// www.deficienciavisual.pt/txt-brincar_assunto_serio.htm>. Acesso em: 17 de setembro de 2016.

CARVALHO E SILVA, Luiz Alberto Melchert de. *O que é ser cego* (1991). Disponível em: <www.deficienciavisual.pt/txt--sercego.htm>. Acesso em: 30 de março de 2016.

CHRISTANTE, Luciana. Ciência desvenda sensibilidade olfativa dos cegos. *Revista Mente e Cérebro On-line* (2010). Disponível em: <http://www2.uol.com.br/vivermente/noticias/ciencia_desvenda_sensibilidade_olfativa_dos_cegos.html>. Acesso em: 12 de março de 2016.

CUTSFORTH, T. O cego na escola e na sociedade. Brasília: Campanha Nacional de Educação de Cegos. São Paulo, 1969.

FELIPPE, Vera Lúcia Rhein. FELIPPE, João A. de Morais. Orientação e Mobilidade. SP: Laramara – Associação Brasileira de Assistência ao Deficiente Visual, 1999.

FERNANDÈZ DEL CAMPO, J. E. *La enseñanza de lãs matemáticas a losciegos*. Madri: ONCE, 1986.

FREIRE, Paulo. *Pedagogia da autonomia:* saberes necessários à prática educativa. São Paulo: Paz e Terra, 1996.

FUNDAÇÃO DORINA NOWILL. *Deficiência visual:* sobre deficiência visual no Brasil. Disponível em: <http://www.fundacaodorina.org.br/deficiencia-visual/>. Acesso em: 22 de abril de 2015.

GAGNÉ, R. *Como se realiza a aprendizagem.* Rio de Janeiro: Ao Livro Técnico, 1971.

GASPARETTO, Maria Elisabete Rodrigues Freire; NOBRE, Maria Inês Rubo de Sousa. Avaliação do funcionamento da visão residual: educação e reabilitação. In: MASINI, Elcie F. Salzano (org.). *A pessoa com deficiência visual:* um livro para educadores. São Paulo: Vetor, 2007. p. 39-60.

HARRIS, Theodoro L. HODGES, Richard E. (org). Dicionário de Alfabetização: vocabulário de leitura e escrita: Tradução Beatriz Viégas Faria. Porto Alegre: Artes Médicas Sul, 1999.

INTERNATIONAL COUNCIL FOR EDUCATION OF PEOPLE WITH VISUAL IMPAIRMENT; WORLD HEALTH ORGANIZATION. Management of low vision children. Bangkok: ICEVI-WHO, 23-24 july, 1992.

KARAGIANNIS, Anastasios; STAINBACK, S.; STAINBACK, W. Fundamentos do Ensino Inclusivo. In: STAINBACK, S.; STAINBACK, W. *Inclusão*: um guia para educadores. Porto Alegre: Artes Médicas 1999.

KRAMER, Sônia. *Por entre as pedras*: arma e sonho na escola. 3. ed. São Paulo: Ática, 1998.

LEITÃO, R. F. Aprendizagem Cooperativa e Inclusão. Lisboa: edição do autor, 2006.

MANZINI, Eduardo José. *Portal de ajudas técnicas para educação*: equipamento e material pedagógico especial para educação, capacitação e recreação das pessoas com deficiência física: recursos para comunicação alternativa. [2. ed.]. Brasília: MEC, SEESP, 2006.

MARTIN, Manuel Bueno; BUENO, Salvador Toro. *Deficiência visual*: aspectos psicoevolutivos e educativos. São Paulo: Santos Editora Ltda., 2003.

MARTÍNEZ, Ismael Liébana. *Aspectos evolutivos y educativos de la deficiencia visual*. v..II. Madri: ONCE, 2000.

MARTINS, João Carlos. *Vygotsky e o papel das interações sociais na sala de aula*: reconhecer e desvendar o mundo. (s/d). Disponível em: <http://www.crmariocovas.sp.gov.br/pdf/ideias_28_p111-122_c.pdf.>. Acesso em: 24 de agosto de 2016.

MASINI, Elcie F. Salzano. *O perceber de quem está na escola sem dispor da visão*. São Paulo: Cortez, 2013. 144 p.

_____. (org.). *A pessoa com deficiência visual*: um livro para educadores. São Paulo: Vetor, 2007. 259p.

MOEHLECKE, Renata. Cegos de nascença têm audição mais apurada. *CiênciaHoje* on-line (4/8/2004). Disponível em: <http://www.cienciahoje.org.br/noticia/v/ler/id/381/n/cegos_de_nascenca_tem_audicao_mais_apurada>. Acesso em 12 de março de 2016.

MONDIM, Batista. *Introdução à Filosofia*. São Paulo: Paulus, 2004.

MORAES, Maria Cândida; LA TORRE, Saturnino de. *SentiPensar*: fundamentos e estratégias para reencantar a educação. Petrópolis: Vozes, 2004.

MOTA, Maria Glória Batista (coord.). *Novo Manual Internacional de Musicografia Braille*. União Mundial de Cegos, Subcomitê de Musicografia *Braille*. Brasília: Ministério da Educação/Secretaria de Educação Especial, 2004.

NEVES, Marcelo. A força simbólica dos direitos humanos. In: SOUZA NETO, Cláudio Pereira de; SARMENTO, Daniel (Coords.). Direitos sociais: fundamentos, judicialização e direitos sociais em espécie. Rio de janeiro: Lumen Juris, 2008.

OCHAÍTA, Esperanza; ESPINOSA, Maria Angela. Desenvolvimento e intervenção educativa nas crianças cegas e deficientes visuais. In: COLL, César; MARCHESI, Álvaro; PALACIOS, Jesús. *Desenvolvimento psicológico e educação:* transtornos de desenvolvimento e necessidades educativas especiais. 2. ed. Porto Alegre: Artmed, 2004. p. 151-170.

_____. *Do essencial invisível:* arte e beleza entre os cegos. Rio de Janeiro: Revan, 2002.

OLIVEIRA, João Vicente Ganzarolli de. *Arte e visualidade:* a questão da cegueira. Disponível em: <http://www.ibc.gov.br/?itemid=105>. Acesso em: 16 de setembro de 2016.

ONRUBIA, Javier. *Ensinar:* criar zonas de desenvolvimento proximal. In: COLL, César; MARTÍN, Elena; MAURI, Teresa; MIRAS, Mariana; ORNUBIA, Javier; SOLÉ, Isabel; ZABALA, Antoni. *O Construtivismo na sala de aula.* Trad. Cláudia Sciling. São Paulo: Ática, 1996.

PATO, M. H. Trabalho de grupo no Ensino Básico – guia prático para professores. Lisboa: Texto Editora, 1995.

SANTOS, Boaventura de Souza (org.) Democratizar a democracia – Os caminhos da democracia participativa. Porto: Afrontamento, 2003.

SACRISTÁN, José Gimeno. En busca del sentido de la educación. Madrid: Ediciones Morata, 2013.

SCHIFF, Winston William; HELLER, Morton A. A psicologia do tato. *Revista Brasileira de Tradução Visual*, v. 18, n. 18 (2015). Disponível em: <http://www.rbtv.associadosdainclusao.com.br/index.php/principal/announcement/view/54>. Acesso em: 12 de setembro de 2016.

SILVA, Luzia Guacira dos Santos. *Educação inclusiva:* por uma escola sem exclusões. São Paulo: Paulinas, 2014.

_____. Orientações didáticas para atuação pedagógica junto a estudantes com deficiência visual, no ensino superior. In: MELO, Francisco Ricardo Lins Vieira de. *Inclusão no ensino superior*: docência e necessidades educacionais especiais. Natal: EDUFRN, 2013.

_____. *Inclusão*: uma questão, também, de visão. O aluno cego na escola comum. João Pessoa: Editora Universitária da UFPB, 2008.

SILVA, Maria Odete Emygdioda. *Gestão das aprendizagens na sala de aula*. Lisboa: Edições Universitárias Lusófonas, 2011.

SOLER, Miquel-Albert Martí. *Didacticamultisensorial de lãs ciências:* um nuevo método para alunos ciegos, deficientes visuales y tambiénsin problemas de visión. Barcelona: ONCE/PIADÓS, 1999.

SOROBAN: calculadora para pessoas com deficiência visual. Disponível em: <http://www.bengalalegal.com/soroban>. Acesso em: 15 de agosto de 2016.

SOUZA, Michele Pereira de. Educação Física adaptada para pessoas portadoras de necessidades visuais especiais. *Revista Digital*, Buenos Aires, Año 12, n. 111, ago. 2007. Disponível em: <http://www.efdeportes.com/efd111/educacao-fisica-adaptada.htm>. Acesso em: 15 de setembro de 2016.

VYGOTSKY, L. S. *Obras Escogidas V*: fundamentos de defectología. Madri: Visor, 1997. 391p.

WILLIAMS, L. V. *Aprender con todo el cerebro*. Barcelona: Martínez Roca, 1986.

ANEXOS

QUADRO

FUNÇÕES E OBJETIVOS DA AVALIAÇÃO FUNCIONAL DA VISÃO E NECESSIDADES EDUCACIONAIS

FUNÇÕES	OBJETIVOS
Nível I Funções visuais básicas	Observa as reações visuais básicas a luz, movimento, contrastes, cores, formas, contato visual, atenção e campo visual.
Nível II Função viso-motora	Avalia as habilidades de focalização. Fixação, seguimento e alcance visual de objetos. Verifica a esfera visual, coordenação olho--mão e olho-objeto; manipulação de objetos e exploração visual do ambiente (visão espacial).
Nível III Função viso-perceptiva	Analisa a habilidade de identificar, reconhecer, discriminar pessoas e objetos; relacionar objetos às gravuras; identificar, relacionar e associar cores, formas, gravuras, fotos, letras, números e palavras. Observa a capacidade de percepção de detalhes e figura-fundo e constância perceptiva.

Fonte: BRUNO (2009, p. 26).

AVALIAÇÃO FUNCIONAL DE HABILIDADES E NECESSIDADES EDUCACIONAIS ESPECIAIS

Nome: _____ Idade: _____ Escola (Nível): _____ Data: __/__/__.

FUNÇÃO HABILIDADE	ATIVIDADE	PONTO FORTE DIFICULDADE	APOIO TIPO	MEDIAÇÃO NÍVEIS	ADAPTAÇÃO MATERIAL	ADAPTAÇÃO AMBIENTE	OBSERVAÇÕES
NÍVEL I VISUAL BÁSICA	Sensibilidade aos contrastes						
	Reação: ao movimento/vulto/pessoas/objetos						
	À luz						
	À forma						
	Ao rosto						
	Ao sorriso						
	Mantêm contato visual						
	Olhar: alerta, atento, desligado, distante, fuga						
CAMPO VISUAL	Campo visual: central/periférico/quadrante						

	Esfera visual (distância em cm ou metro)								
	Posição ocular: simétrica/assimétrica								
	Orienta cabeça e olhos: à luz, pessoas e objetos								
	Focalização: flutuante, rastreada ou dirigida								
	Fixação: mantêm, rastreada ou fugaz								
	Seguimento com a cabeça e olhos: à luz, movimento, rosto e objetos								
NÍVEL II	Coordenação: olho-mão/olho-objeto								
	Muda o olhar entre dois ou mais objetos								
VISO-MOTORA	Encaixa e empilha objetos								
	Visão espacial								
	Explora o ambiente visualmente								
	Localiza pessoas/objetos no espaço								
	Procura olfativa fora do campo visual								
	Busca ativa dos objetos por todo o campo visual								
	Movimenta-se com o corpo no espaço								
	Desloca-se com o corpo no espaço								

FUNÇÃO	ATIVIDADE	PONTO FORTE / DIFICULDADE	APOIO TIPO	MEDIAÇÃO NÍVEIS	ADAPTAÇÃO MATERIAL	ADAPTAÇÃO AMBIENTE	OBSERVAÇÕES
HABILIDADE							
	Localiza e desvia de obstáculos						
	Seleciona objeto no espaço						
	Agrupa e organiza objetos no espaço						
NÍVEL II	Constrói com objetos no espaço						
VISO-MOTORA	Utiliza referências no espaço						
	Desvia e ultrapassa obstáculos						
	Orienta-se no espaço						
	Utiliza a visão nos deslocamento ou marcha						

FUNÇÃO	ATIVIDADE	PONTO FORTE / DIFICULDADE	APOIO TIPO	MEDIAÇÃO NÍVEIS	ADAPTAÇÃO MATERIAL	ADAPTAÇÃO AMBIENTE	OBSERVAÇÕES
HABILIDADE							
	Percepção: de luz, sombra, vulto, objetos em movimento						
NÍVEL III	Cores (Tipos) e formas						
VISO-PERCEPTIVO	Percepção de profundidade						
	Figura-fundo						
	Reconhece objetos familiares/não familiares						

	Decodifica objetos estáticos ou em movimento						
	Identifica objetos agrupados						
	Decodifica objetos complexos (animais)						
	Agrupa informações visuais						
	Explora e analisa objetos visualmente						
	Relaciona e agrupa: objetos-objetos						
	Relaciona e agrupa: objetos-figuras						
	Cores: discrimina, associa, nomeia						
	Formas e contrastes						
NÍVEL III VISO-PERCEPTIVO	Reconhece a sua imagem no espelho e fotos						
	Identifica rostos e fotos familiares						
	Decodifica gestos e expressões/imita						
	Decodifica objetos por uso e função						
	Discrimina figuras simples e complexas (animais)						
	Identifica detalhes em objetos e figuras						
	Decodifica figuras separadas ou agrupadas						
	Descreve características e semelhanças em objetos/figuras						
	Realiza análise e síntese visual						
	Indica memória visual						

FUNÇÃO	ATIVIDADE	PONTO FORTE	APOIO	MEDIAÇÃO	ADAPTAÇÃO		OBSERVAÇÕES
HABILIDADE		DIFICULDADE	TIPO	NÍVEIS	MATERIAL	AMBIENTE	
NÍVEL III VISO-PERCEPTIVO	Estabelece relações visuais (reconhece lugares e cenas)						
	Identifica ações, descreve e interpreta cenas						
	Indica constância perceptiva						
	Identifica símbolos e letras						
	Identifica letras e palavras agrupadas						

Fonte: Bruno (2009, p. 27-28).

Legenda:
Respostas: (+) pontos fortes e ações espontâneas; (.) a caminho; (..) nível médio de ajuda; (...) ajuda intensa; (-) resposta inconsistente; ( ) ausência de resposta.
Mediação níveis: (I) Intensa, (M) Média, (P) ou sem ajuda/com ajuda/dependente: D: S/A; C/A.
Tipos de ajuda: (A) Auditiva, (M) Motora./Gestual, (F) Física; (T) Tátil; (O) Olfativa; (MC) Movimento Coativo; (G) Guia de imagem; (TA) Tecnologia de Apoio.

Impresso na gráfica da
Pia Sociedade Filhas de São Paulo
Via Raposo Tavares, km 19,145
05577-300 - São Paulo, SP - Brasil - 2017